Holger Pyka

VERSTEHT MAN, WAS DU LIEST?

Praxisbuch für
den Gottesdienst

5. völlig überarbeitete Auflage 2022

Luther-Verlag

Bibliographische Information der Deutschen Nationalbibliothek
Die Deutsche Nationalbibliothek verzeichnet diese Publikation
in der Deutschen Nationalbibliographie;
detaillierte bibliographische Daten sind im Internet
über http://dnb.d-nb.de abrufbar.
ISBN 978-3-7858-0707-1

© Luther-Verlag, Bielefeld 5. völlig überarbeitete Auflage 2022

Das Werk einschließlich aller seiner Teile ist urheberrechtlich geschützt. Jede Verwertung außerhalb der engen Grenzen des Urheberrechts ist ohne Zustimmung des Verlages unzulässig und strafbar. Das gilt insbesondere für Vervielfältigungen, Übersetzungen, Mikroverfilmungen und die Einspeicherung und Verarbeitung in elektronischen Systemen.

Umschlaggestaltung: tiefschwarz und edelweiß, Hagen
Satz: Luther-Verlag GmbH, Bielefeld
Druck und Bindung: RUDOLPH DRUCK oHG, Schweinfurt
Printed in Germany

INHALT

- VORWORT ZUR 5. AUFLAGE 11
- EINLEITUNG UND GEBRAUCHSANWEISUNG. . . 13

- ÜBER DIE BIBEL IM GOTTESDIENST. 17
  Zur Geschichte der Lesungen im Gottesdienst 17
  Bibelübersetzungen 19
  Online-Quellen für biblische Texte 22
  Bibeln zum Hören 23
  Theologischer Ausflug: »Gottes Wort«? 24
  Der Bibelgebrauch im Gottesdienst 26
  Bibelstellen richtig entschlüsseln 29

- AKUSTISCHE VERSTÄNDLICHKEIT –
  ATEM, STIMME UND TECHNIK 31

  Die menschliche Stimme 32
  Einen Standpunkt finden 33
  Atem 35
  Kleines stimmliches Aufwärmtraining
  am Sonntagmorgen 37
  Der Klang der eigenen Stimme 41
  Der schonende Umgang mit der Stimme 43
  Theologischer Ausflug:
  Kleine biblische Theologie der Stimme 45
  Zum Umgang mit Mikrofonen 47
  Raumakustik. 49

- INHALTLICHE VERSTÄNDLICHKEIT –
  AKZENTE SETZEN 52

  Ein Lob aufs laute Lesen. 52
  Verständnisfragen. 54
  Skriptanalyse 54
  Den Inhalt aneignen 55
  Betonung. 56
  Wortbetonung 57
  Maßstab Alltagssprache. 57
  Satzbetonung 59
  Betonung ist Interpretation 61
  Wer hört mir zu? 63
  Ein ausführliches Beispiel: Gen 1,26–2,4a . . . 64
  Pausen und Atembögen. 70
  Not- und Staupausen 72
  Einschübe und Nebensätze. 74
  Über die Geschwindigkeit beim Lesen 77

- EMOTIONALE VERSTÄNDLICHKEIT –
  DEN TEXT BELEBEN 79

  Vom schwarzen und weißen Feuer 79
  Inneres Bild und Atmosphäre 80
  Handlungsdynamik und Dialoge 83
  Rede wörtlich nehmen 85
  Figuren verkörpern 88
  Dramatik herausarbeiten 89
  Episteltexte: Leidenschaft auf den zweiten Blick . . . 91
  Sprecherische und stimmliche Mittel 94
  Lautstärke 95
  Tempo. 95
  Sprachmelodie 99

Stimmlage und Stimmfarbe 102
Gestaltungsmittel verfügbar machen 104
Die Grenze des Theatralischen 106

- DIE LESUNG IM GOTTESDIENST.
  HANDWERKLICHES FÜR DAS DRUMHERUM . . . 108

  Auftritt. 108
  Ankündigung und Einleitung der Lesung 109
  Wohin mit den Augen? 113
  Was mache ich mit den Händen? 115
  Vor dem Abgang 116
  Halleluja 117
  Glaubensbekenntnis 118
  Kollektenansage 121
  Jenseits der Lesung: Begrüßung und Abkündigungen . . 124
    Begrüßung 124
    Abkündigungen 129
    Manchmal macht's die Reihenfolge 131
    Theologischer Ausflug: über den Gottesdienst . . 133

- UMGANG MIT STÖRUNGEN 136

  Stolpern auf dem Weg zum Pult 139
  Buch vergessen 140
  Versprecher 140
  Kratzen im Hals und andere Stimmstörungen 141
  Zwischenrufe 142

- HÄUFIG GESTELLTE FRAGEN 144

  Was ist, wenn ich den Text nicht mag? 144
  Muss ich hochdeutsch lesen? 145
  Was, wenn ich einen Sprachfehler habe? 146

Darf ich den Text verändern? 147
Muss ich denn wirklich jeden Tipp hier umsetzen?. . . . 149
Checkliste – nochmal alles in Kürze. 151

- **UMGANG MIT ZUGANGSBESCHRÄNKUNGEN IM GOTTESDIENST** 152

  Allgemeines zu Beschränkungen und fremden Regeln . 153
  Transparente und reflektierte Entscheidungen 155
  Kommunikation, Kommunikation, Kommunikation . . 157
  Zuständigkeiten und Abläufe klären 157
  Tipps für die Vorbereitung 157
  Tipps für den Konfliktfall 158

- **GOTTESDIENST DIGITAL** 160

  Digital ist real 161
  Digital ist nicht gleich digital 163
  Drei Seiten digitaler Gottesdienstgestaltung 165
     Die technische und gestalterische Seite 165
     Die gemeindepädagogische Seite 168
     Die liturgische Seite 171
  Einzelne Momente des Online-Gottesdienstes 172
     Vorspann 172
     Begrüßung 173
     Lesung 174
     Gebete 174
     Die vierte Wand durchbrechen 175
     Rechtliche Aspekte 176

- **ÜBER DEN GOTTESDIENST REDEN** 178

  Das 3G-Modell 179
  Mit dem 3G-Modell arbeiten 181

Kleines Lexikon gottesdienstlicher Fachbegriffe . . . 184
Anmerkungen 185
Dank des Autors 189
Der Autor 190

»Wer niemals ganze Nachmittage lang mit glühenden Ohren und verstrubbeltem Haar über einem Buch saß und las und las und die Welt um sich her vergaß, nicht mehr merkte, dass er hungrig wurde oder fror –
Wer niemals offen oder im geheimen bitterliche Tränen vergossen hat, weil eine wunderbare Geschichte zu Ende ging und man Abschied nehmen musste von den Gestalten, mit denen man gemeinsam so viele Abenteuer erlebt hatte, die man liebte und bewunderte, um die man gebangt und für die man gehofft hatte, und ohne deren Gesellschaft einem das Leben leer und sinnlos schien –
Wer nichts von alledem aus eigener Erfahrung kennt, nun, der wird wahrscheinlich nicht begreifen können, was Bastian jetzt tat.«

Michael Ende, Die unendliche Geschichte

VORWORT ZUR 5. AUFLAGE

Versteht man, was du liest erscheint hier in der fünften Auflage. Das ist für Bücher rund um das Thema Gottesdienst nicht selbstverständlich, und es zeigt, dass offensichtlich weiterhin Bedarf besteht. Seit der ersten Auflage 2016 ist viel passiert: Die Perikopenrevision, die bei der Erstauflage nur teilweise eingearbeitet werden konnte, ist bereits etabliert. Neben die Lutherbibel von 2017 ist 2021 mit der vollständigen Basisbibel endlich eine ernst zu nehmende Alternative getreten. Außerdem ist eine weitere wichtige Veröffentlichung zur Bibellesung im Gottesdienst erschienen, die sich an vielen Stellen auf das vorliegende Buch bezieht und es sinnvoll ergänzt.[1] In Workshops mit Lektorinnen und Lektoren sind manche Dinge klarer geworden, außerdem scheinen sich die Bedarfe verändert zu haben. Der gesamte Text wurde daher überarbeitet. Zwei komplett neue Kapitel sind hinzugekommen, weil sie notwendig erschienen: Durch die Corona-Pandemie hat der evangelische Gottesdienst in der Breite den Sprung ins Digitale geschafft. Der Gestaltung von Online-Gottesdiensten ist daher ein eigenes Kapitel gewidmet. Die Einführung und Durchsetzung von Zugangsbeschränkungen hat Gemeinden zudem vor weitere, bislang unbekannte Probleme gestellt. Bei Lektor*innenschulungen mache ich immer wieder die Erfahrung, dass es in vielen Gemeinden an Gelegenheiten, aber auch an Sprache fehlt, um über den Gottesdienst zu reden. Ein eigenes Kapitel soll da Abhilfe schaffen.

Auch die Neuauflage ist nicht nur im stillen Kämmerlein entstanden, sondern im Gespräch mit vielen Menschen, die ihre Erfahrungen und Sichtweisen mitgeteilt haben. Dazu gehören Kolleginnen und Kollegen, die das Buch rezensiert oder anderweitig Rückmeldungen gegeben haben, dazu gehören auch Lektorinnen und Lektoren, die die Bearbeitung begleitet haben. Dazu gehört das Team des Luther-Verlags, allen voran Hans Möhler, der die Neuauflage angeregt und immer an das Projekt geglaubt hat, und Carsten Ehret-Pyka, der das Manuskript mit dem geschulten Blick eines Kantors gelesen hat.

Ansonsten bleibt zu hoffen, dass das Buch auch in seiner neueren Fassung den Menschen hilft, die Verantwortung für den Gottesdienst übernehmen. Eines kann und soll es auch in dieser Auflage nicht leisten: Es wird nicht den Eindruck erwecken, dass souveränes Handeln im Gottesdienst ohne Arbeit und ein bisschen Mühe zu haben ist. Aber hoffentlich macht es auch deutlich, dass die Energie, die man hier investiert, sich für alle Beteiligten lohnt.

Wuppertal, im Juni 2022 *Holger Pyka*

EINLEITUNG

Wenn Sie dieses Buch in Händen halten, liegt das höchstwahrscheinlich daran, dass Sie in Ihrer Gemeinde ab und zu im Gottesdienst aus der Bibel vorlesen. Oder demnächst damit anfangen wollen. Wenn das so ist, dann: Danke! Sie übernehmen damit einen wichtigen Dienst am Herzen des Gottesdienstes, und Sie sorgen dafür, dass in der Kirche verschiedene Stimmen laut werden und so das Priestertum aller Gläubigen hör- und erfahrbar wird.

Versteht man, was du liest? Der Titel dieses Buchs ist, in leichter Abwandlung, der Apostelgeschichte entliehen und macht deutlich, worum es hier geht: Das Buch soll und wird aus Ihnen keine professionelle Rezitatorin machen, aber Ihnen Hilfestellung geben, möglichst verständlich zu lesen.

Gemeint ist zunächst die rein *akustische* Verständlichkeit. Sie bekommen Tipps, wie Sie durch sinnvolle Stimmbenutzung und den richtigen Umgang mit den technischen Hilfsmitteln und den räumlichen Gegebenheiten so lesen können, dass auch die schwerhörige ehemalige Frauenhilfsvorsitzende in der letzten Reihe versteht, was Sie lesen. Gemeint ist auch die *inhaltliche* Verständlichkeit: Sie lernen, Betonungen und Pausen so zu setzen, Ihren Vortrag so zu dynamisieren, dass sich den Zuhörenden der Sinnzusammenhang eines biblischen Textes erschließt. Und gemeint ist zum Schluss auch etwas, das man *emotionale* Verständlichkeit nennen könnte: Im Idealfall können Ihre Zuhörerinnen und Zuhörer nachvollziehen und erfahren, warum ein bestimmter Text gläubige oder zweifelnde Menschen seit Jahrhunderten bewegt, zum gläubigen Staunen, zum kritischen Nachfragen und zum eigenen Nachdenken anregt. Dazu bekommen Sie Anregungen an die Hand, die Ihnen dabei helfen sollen, sich auf einen Text einzulassen.

Und das ist überhaupt das allem anderen übergeordnete Ziel dieses Buches: Es soll Ihnen selbst Freude an der Lesung machen und an der eigenständigen Auseinandersetzung mit der Schrift. Wer Lust auf mehr hat, kann sich auf kleine theologische Ausflüge aufmachen und weiterdenken und findet in den Literaturangaben am Ende des Buches weiterführende Hinweise.

Damit zusammen hängt ein weiteres Ziel: Das Buch möchte Ihnen zumindest einen ersten Einblick vermitteln, in welchen Zusammenhängen die gottesdienstliche Lesung steht. So gut wie jede Entscheidung im Gottesdienst hat nicht nur eine praktische, dramaturgische oder ästhetische, sondern auch eine theologische Seite, in ihr äußern sich theologische Grundentscheidungen und Prägungen des Glaubens. Einige dieser Grundentscheidungen sollen exemplarisch offen gelegt werden. Nicht um Ihnen vorzuschreiben, wie etwas zu tun oder zu lassen ist. Sondern um Ihnen bestimmte Zusammenhänge bewusst zu machen und so die Neugier zu wecken, selbst in die Tiefe zu gehen.

In vielen Fragen stellt das Buch natürlich keine neutrale Position vor, sein Verfasser ist selbst in einer reformierten Tradition zuhause und schätzt unaufgeregte, wenig theatralisch gestaltete Gottesdienste in alltagsnaher Sprache über alle Maßen – low church at its best. Das führt eine besondere Art des Vorlesens mit sich, für die hier geworben wird: Die biblischen Texte werden als literarische Texte ernst genommen. Und gleichzeitig als Texte, die aus dem Gespräch über den Glauben entstanden sind und deren Vorlesen sich an der Alltagssprache orientiert. Das unterscheidet sich deutlich etwa von der Technik des Kantilierens, bei der Bibeltexte in einer Art Sprechgesang vorgetragen werden, einer altbewährten Form mit eigenen Reizen und Grenzen. Möglich, dass Sie aufgrund Ihrer eigenen Prägung zum Widerspruch gereizt sind – auch dazu soll das Buch Sie ausdrücklich ermutigen.

Wenn die Erfahrungen, die Sie mit diesem Buch und mit dem Lesen im Gottesdienst machen, Sie einerseits zu einem kritischen Gottesdienstteilnehmer macht und andererseits Verständnis dafür bewirkt, dass gottesdienstliches Handeln für alle Beteiligten ebenso anspruchsvoll wie erfüllend sein kann, dann ist das sicherlich auch nicht der schlechteste Dienst, den dieses Buch Ihnen und Ihrer Gemeinde erfüllen kann.

Die praktische Erfahrung und das eigene Ausprobieren können und sollen das Lesen in diesem Buch nicht ersetzen.

> **SIE SIND DRAN!**
> Zwischendurch finden Sie Abschnitte wie diesen. Dann können Sie aktiv werden. Zum Beispiel, indem Sie bestimmte Übungen machen oder Tipps ausprobieren. Oder indem Sie weiterdenken.

Eine Grundannahme ist dabei, dass es in Ihrer Gemeinde einen Kreis von Lektorinnen und Lektoren gibt, die sich regelmäßig treffen und denen die Möglichkeit zum Austausch, zum Üben und zum Gespräch über die gottesdienstliche Praxis gegeben wird. Sollte das nicht der Fall sein, dann zögern Sie nicht, einen solchen einzufordern: Die Gemeinde ist dazu verpflichtet, ihre Mitarbeitenden für ihren Dienst zuzurüsten! Das steht nicht nur in diversen Kirchenordnungen, sondern schon im Neuen Testament (Eph 4,11 f.).

Übrigens: Wenn in diesem Buch vom »Lektor« und der »Lektorin« die Rede ist, dann sind diejenigen gemeint, die im Gottesdienst aus der Bibel vorlesen. In manchen Landeskirchen lesen die Lektoren auch eigens dafür geschriebene Lesepredigten vor. Das ist hier nicht gemeint. Das bedeutet nicht, dass solche Lektorinnen hier nichts lernen können, aber es erspart manche Irritation, wenn das klar ist.

Das Buch ist so aufgebaut, dass Sie es von Anfang bis Ende durchlesen können. Sie können aber auch mittendrin beginnen, sich ein Kapitel rauspicken, das Sie besonders interessiert oder das sich um ein Thema dreht, für das Sie sich praktische Tipps erhoffen.

Aber jetzt genug der Vorrede. Noch einmal: danke für Ihr Engagement! Und: viel Spaß und Gottes Segen bei der Arbeit mit diesem Buch und, noch mehr, bei der Begegnung mit der Schrift.

Wuppertal im Oktober 2016 *Holger Pyka*

»… dass unser Herr zu uns spricht durch sein Wort«

ÜBER DIE BIBEL IM GOTTESDIENST

Ein Buch muss die Axt sein
für das gefrorene Meer in uns.
(Franz Kafka)

▪◆ Zur Geschichte der Lesungen im Gottesdienst

Die Lesung biblischer Texte im Gottesdienst ist in gewissem Sinne älter als die Bibel selbst: Schon in einer Gottesdienstordnung um 155 wird der Lektorendienst erwähnt – also knapp zweihundert Jahre bevor der Textbestand unserer heutigen Bibel endgültig feststand.[2] Vorbild war und ist der jüdische Gottesdienst in Tempel und Synagoge, an dem im ersten Jahrhundert auch die entstehenden christlichen Gemeinden noch teilnahmen und in dem in einem jährlich wiederkehrenden Zyklus Texte aus der Tora, den fünf Büchern Mose, vorgelesen wurden. Als sich der christliche Gottesdienst zunehmend verselbstständigte, kamen zu den alttestamentlichen die neuen christlichen Texte hinzu. Eine Zeitlang wurden die biblischen Texte fortlaufend gelesen, im frühen Mittelalter, als das Kirchenjahr Kontur gewann und inhaltlich ausgestaltet wurde, wurden den einzelnen Tagen spezielle Textabschnitte zugeordnet.

Die zentrale Rolle, die der Schriftlesung bis heute im Gottesdienst zukommt, ist Ausdruck einer Überzeugung: Gott selbst spricht durch sein Wort zu uns. Die christliche Predigt ist daher

Schriftauslegung, sie nimmt ihren Ausgangspunkt im biblischen Zeugnis und wird daran geprüft. Martin Luther hat einmal gesagt: Im evangelischen Gottesdienst geschieht nichts anderes, »als dass unser lieber Herr mit uns rede durch sein heiliges Wort und wir wiederum ihm antworten in Gebet und Lobgesang«.

Die Anzahl der gottesdienstlichen Lesungen wechselte im Laufe der Geschichte – und tut es auch heute noch von Gemeinde zu Gemeinde oder sogar von Gottesdienst zu Gottesdienst. »Klassisch« in der vorreformatorischen Messe und heute noch in lutherischen Gottesdiensten zu hören sind drei Lesungen: *Altes Testament – Epistel – Evangelium* (der Psalm zu Anfang ist keine Lesung, sondern ein Gebet). Wo dies der Fall ist, stellt die Evangelienlesung den Höhepunkt dar und ist oft durch liturgische Mittel von den anderen Texten abgegrenzt: Ein Lied oder eine Liedstrophe, ein Halleluja zwischen Epistel und Evangelium, ein Wechselgesang nach dem Evangelium, ein Sprecherwechsel zwischen den Texten und dergleichen. Wie auch immer die Lesung sich gestaltet – in jedem Fall steht sie an zentraler Stelle im Gottesdienst.

Welche Texte sonn- und feiertags gelesen werden, ist in den *Perikopenordnungen* festgelegt (*perikopé* ist griechisch und bedeutet Ab- oder Ausschnitt): Jedem Sonn- und Feiertag ist eine bestimmte Textauswahl zugeordnet, die sein individuelles Thema (das *Proprium*) und seine atmosphärische Ausgestaltung prägen. In den evangelischen Kirchen in Deutschland galt bis vor wenigen Jahren die Perikopenordnung in ihrer Version von 1978, die ihrerseits zum Teil auf sehr alte Vorbilder zurückging. 2018 ist diese Ordnung umfangreich revidiert worden, wobei man unter anderem darauf geachtet hat, dem Alten Testament mehr Raum zu geben.

WISSEN, WAS DRAN IST
Die Perikopenordnung finden Sie entweder im *Perikopenbuch* oder im Internet unter kirchenjahr-evangelisch.de, außerdem gibt es eine gut und übersichtlich gemachte App unter demselben Titel.

Bibelübersetzungen

Die Geschichte der Bibelübersetzung beginnt im 3. Jahrhundert vor Christus, als Griechisch sprechende Jüdinnen und Juden die Bibel aus dem Hebräischen in ihre Alltagssprache übersetzten (daraus wurde später die sog. *Septuaginta*). Auch die ersten Christinnen und Christen schrieben ihre Briefe und ihre Erzählungen aus dem Leben Jesu auf Griechisch nieder, das als Amtssprache besonders im Osten des römischen Reiches geläufig war. Der nächste bis heute bedeutsame Übersetzungsschritt war die Schaffung einer einheitlichen lateinischen Version Endes des vierten Jahrhunderts nach Christus, der *Vulgata* (die »Volkstümliche«), die, in verschiedenen Ausgaben und Neubearbeitungen, bis ins Mittelalter hinein Gottesdienst und akademische Theologie prägte.

Als Vater der deutschsprachigen Bibelübersetzung gilt Martin Luther, auch wenn man bereits knapp sechs Jahrzehnte vorher begonnen hatte, für das aufstrebende Bürgertum und die Prediger Verdeutschungen der Bibel zu besorgen, meist auf Grundlage der Vulgata. Neu an Luthers Bibelübersetzung und grundlegend für ihren Erfolg war einerseits der Rückgriff auf die griechischen und hebräischen Grundtexte und andererseits seine Verwendung der *sächsischen Kanzleisprache*, einer Art frühem Amtsdeutsch, das in den allermeisten deutschsprachigen Gebieten verstanden wurde.

Viele seiner besonders bildhaften Ausdrücke sind in den deutschen Alltagssprachschatz übergegangen, aber Sprache entwickelt sich weiter: Wir sprechen heute nicht mehr wie im 16. Jahrhundert, viele Formulierungen wurden mit der Zeit missverständlich oder erwiesen sich aufgrund neuer sprachwissenschaftlicher Erkenntnisse als unpassend. Dem sollte mit Revisionen der Lutherübersetzung abgeholfen werden, von denen die erste 1863 in Auftrag gegeben wurde. In den letzten Jahrzehnten war die bevorzugte Bibelübersetzung in unseren Gottesdiensten die *revidierte Lutherbibel von 1984*, die möglichst viel von Luthers Sprachoriginalität bewahren und gleichzeitig Übersetzungsfehler korrigieren sowie dem modernen Sprachgefühl und -verständnis zugänglich sein sollte. Pünktlich zum Reformationsjubiläum 2017 ist die Lutherbibel erneut revidiert worden. Anders als bei früheren Veränderungen stand diesmal nicht (nur) die Anpassung an unseren heutigen Sprachgebrauch im Vordergrund. Ziel war auch, den originalen Lutherklang dort zu bewahren oder wieder hervorzuholen, wo es keine sprachlichen oder theologischen Einwände dagegen gab. Auch die Kapitelüberschriften, die nicht zum eigentlichen Bibeltext gehören, wurden grundlegend überarbeitet.

Die Lutherbibel ist der Klassiker unter den deutschen Bibelübersetzungen. Sie klingt eindeutig nach Kirche und birgt einen Schatz an Formulierungen, die (etwa durch die Kantaten und Passionen Johann Sebastian Bachs) evangelische Frömmigkeit maßgeblich geprägt haben. Vielen Menschen ist diese traditionelle Sprache wichtig, andere empfinden die Texte dadurch als schwer zugänglich.

Neben der Lutherbibel gibt es weitere Übersetzungen mit »kirchenamtlichem« Charakter, das heißt solche, die von einer Kirchenkommission erarbeitet und für den gottesdienstlichen Gebrauch vorgesehen sind. Dazu gehört die *Neue Zürcher Bibel* (2007) im deutschschweizerisch-reformierten sowie die *Einheitsübersetzung* (2016) im katholischen Bereich.

Eine weitere, ebenfalls von der Kirche zur Verwendung empfohlene Übersetzung ist die seit 2021 vollständig vorliegende *BasisBibel*, bei der neben sprachwissenschaftlicher Genauigkeit auch die Verständlichkeit für ungeübte Lesende im Vordergrund stand. Kurze Sätze und eine klare, einfache Sprache zeichnen diese Übersetzung aus und machen sie zudem auf mobilen Endgeräten besser lesbar. Die BasisBibel stellt eine sinnvolle und moderne, dazu sprachlich und theologisch oft klarere Alternative zu bisherigen Übersetzungen wie der *Gute Nachricht Bibel* (letzte Revision von 2018) und *Hoffnung für Alle* (neueste Fassung von 2015) dar. Eine weitere *kommunikative*, also eher auf Verständlichkeit als auf Texttreue abzielende Bibelübersetzung, ist die *Neues Leben Bibel* von 2006, bei der es sich um die Übersetzung einer englischen Vorlage handelt. Zu nennen ist in diesem Zusammenhang auch die bislang noch nicht vollständig vorliegende *Neue Genfer Übersetzung*, bei der besonderer Wert auf Layout und Gestaltung gelegt wurde.

Gänzlich andere Übersetzungsgrundsätze liegen der *Schlachter 2000* und der *Elberfelder Bibelübersetzung* zu Grunde: Beide sind *ausgangstextorientiert*, bei ihrer Anfertigung bemühte man sich also um eine besondere Nähe zu den hebräischen, aramäischen und griechischen Vorlagentexten. Das macht sie interessant, aber auch schwer verständlich; beide Bibelübersetzungen finden daher traditionell eher im Bereich der häuslichen Andacht als im Gottesdienst Verwendung.

Zwei Bibelübersetzungen, die nicht von einer offiziellen Bibelgesellschaft herausgegeben wurden, haben in der jüngeren Vergangenheit in den Medien und in der Kirche für einige Diskussionen gesorgt: Die *Bibel in gerechter Sprache* soll Ergebnisse aus der sozialgeschichtlichen Bibelauslegung, der feministischen Theologie und dem jüdisch-christlichen Dialog fruchtbar machen. Dadurch bietet sie einige faszinierende neue Perspektiven vor allem auf altbekannte Texte. Nicht wenige Menschen lehnen sie (nicht unbedingt nur aus theologischen Gründen) fast reflexartig ab – das muss kein Grund sein, sie nicht im Gottesdienst zu verwenden, sollte jedoch vorher bedacht werden. Die *Volxbibel* stammt aus dem Umfeld der Jesus Freaks, ihr liegt das Bestreben zugrunde, die biblischen Texte an Moderne und Jugendkultur anschlussfähig zu machen. Kritisiert wird daran nicht nur manche theologische Grundentscheidung, sondern auch die sprachliche Qualität des Endergebnisses. Beide Bücher ermöglichen jedoch auf jeden Fall den reizvollen Effekt, altbekannte Texte völlig neu zu hören.

Ein besonderes Leseerlebnis bietet auch die schon etwas ältere Verdeutschung der Hebräischen Bibel von Franz Rosenzweig und Martin Buber, die 1961 nach fast vier Jahrzehnten Übersetzungsarbeit erschienen ist. Es handelt sich um eine sogenannte »konkordante« Bibelübersetzung, das heißt, dass ein hebräisches Wort immer mit demselben deutschen Wort übersetzt ist. Weil Buber und Rosenzweig von der jüdischen Praxis des lauten Bibellesens ausgingen, legten sie außerdem Wert auf Sprachrhythmus und -melodie. Einfach zu lesen ist ihre Verdeutschung sicher nicht – aber gerade das kann ja manchmal auch reizvoll sein.

> **DER VERGLEICH**
> Vergleichen Sie Bibelübersetzungen auf eigene Faust, zum Beispiel, indem Sie verschiedene Übertragungen des nächsten Lesungstextes lesen. Welche Übersetzung spricht Sie spontan am meisten an, kommt Ihnen am leichtesten über die Lippen? Entscheiden Sie nicht sofort, vergleichen Sie die Texte nach einigen Tagen noch einmal: Hat sich etwas in Ihrer Wahrnehmung der Texte geändert?

Die individuelle Wahl einer Bibelübersetzung für die Lesung sollte auf jeden Fall in enger Absprache mit dem Prediger oder der Predigerin erfolgen: Manchmal spielt für die Auslegung der Wortlaut einer bestimmten Stelle eine wichtige Rolle, da ist es schade, wenn die Gemeinde diesen so nicht gehört hat.

◆ Online-Quellen für biblische Texte

Zwei Onlineportale bieten die Texte der gängigsten deutschsprachigen Übersetzungen, die sich leicht über »copy and paste« kopieren und in einem Textbearbeitungsprogramm den eigenen (Vor-)Lesebedürfnissen anpassen lassen. *www.die-bibel.de* ist die offizielle Seite der Deutschen Bibelgesellschaft (der Rechteinhaberin der meisten offiziellen Bibelübersetzungen). Unter *bibelserver.com* kann man sich mehrere Bibelübersetzungen (auch fremdsprachige) parallel anzeigen lassen und so direkt vergleichen. Die Bibel in gerechter Sprache (www.bibel-in-gerechter-sprache.de) und die Volxbibel (www.volxbibel.de) sind unter eigenen Domänen zu lesen.

Bibeln zum Hören

Eine reizvolle Möglichkeit, Bibeltexte in professioneller Präsentation zu hören, Unklarheiten in der Aussprache zu beseitigen und sich für die eigene Lesung inspirieren zu lassen, bieten Hörbibeln. Das Angebot ist in den letzten Jahren stetig gewachsen, und nicht alles lohnt das Hören gleichermaßen. Besonders hervorzuheben ist die 2006 von der Deutschen Bibelgesellschaft produzierte *Große HörBibel* in szenischer Lesung der Lutherbibel 1984 von namhaften Schauspieler*innen. 80 CD's mit einer Gesamtspielzeit von über 80 Stunden. Als weniger aufwändig produzierte Version gibt es die Hörbuchfassung der Lutherbibel 2017, gelesen von Rufus Beck, ebenfalls in der Regie der Deutschen Bibelgesellschaft. Die hat noch weitere Bibelausgaben vertont, etwa die *Gute Nachricht* und die *BasisBibel* – hier gibt es zum Beispiel eine Auswahl von Texten, die von den Stimmen der *Drei Fragezeichen* gelesen werden. Eine andere Übersetzung und ein anderes Hörerlebnis bietet *Die Bibel. Altes und Neues Testament* in der sperrigen unrevidierten Elberfelder Übersetzung, erschienen als Diogenes Hörbuch. Weitere professionell produzierte Versionen sind die Lutherbibel von 1912 (gelesen von Peter Sodann im BUCHFUNK-Hörbuchverlag) und die Neues-Leben-Übersetzung (SCM Brockhaus). Die Bibel in gerechter Sprache gibt es in Auszügen, ebenso die Volxbibel, gelesen vom Urheber Martin Dreyer.

Viele Hörbuchverlage bieten darüber hinaus Zusammenstellungen bekannter und beliebter Bibeltexte an. Einen besonderen, da ungewohnten und ungewohnt kraftvollen Höreindruck vermittelt das Projekt *Die Bibel. Eine gesprochene Symphonie* von Ben Becker.

Theologischer Ausflug: »Gottes Wort«?

Warum eigentlich die Bibel? Warum öffnen wir Sonntag für Sonntag, und viele auch noch unter der Woche, dieses alte und oft so rätselhafte Buch? Die Antwort, »weil wir das immer so gemacht haben«, gilt nicht. Oder vielleicht doch ein bisschen. Dafür spricht die Erfahrung, die sich trotz aller Machtverirrungen und Missbräuche, gerade der Bibel, durch die Kirchengeschichte zieht: Menschen lesen in der Bibel – und plötzlich passiert etwas mit ihnen, und die Welt erscheint in einem anderen Licht. Das ging dem Kämmerer aus Äthiopien so (Apg 8,26–39), der sich, nach gebührendem Unterricht, taufen ließ. Das ging Martin Luther so, der über dem Römerbrief Gottes freie Gnade und die Gerechtigkeit allein aus Glauben wiederentdeckte. Das geht heute noch Gemeinden im Schatten der Weltwirtschaft so, wenn sie von den biblischen Wundergeschichten lernen, dass eine andere Welt möglich ist. Indem wir die Bibel in Gebrauch nehmen, tauchen wir also ein in eine uralte und höchst lebendige Lesegemeinschaft. Trotzdem reicht die Begründung »... weil wir das immer so gemacht haben« nicht aus.
Dass die Bibel als Ganze, in all ihren Einzelteilen, unmittelbar »Gottes Wort« sei, ist eine recht moderne Annahme, die sich nur schwer biblisch belegen lässt. Auch in den alten Glaubensbekenntnissen fehlt ein entsprechender Absatz. Die Lehre von der »Verbalinspiration der Schrift«, das heißt der Glaube, dass jedes Wort vom Heiligen Geist eingegeben ist, stammt aus der altprotestantischen Orthodoxie, also aus dem späten 16. Jahrhundert. Martin Luther selbst war äußerst pragmatisch, wenn es darum ging, den offenbarungstheologischen Wert einzelner Bibelstellen zu ermitteln: Für ihn war die Schrift dort

Gottes Wort, wo sie »Christum treibet«, also auf das Evangelium, das Leben, Sterben und Auferstehen Jesu Christi verweist (deswegen hat sich Luther sehr ungern mit dem Jakobusbrief beschäftigt, in dem er nur sehr wenig Evangelium finden konnte). Die Idee von der Verbalinspiration wurde später von der Erweckungs- und Gemeinschaftsbewegung übernommen und fand so Eingang in moderne evangelikale Strömungen (die sich auch gern, in Abgrenzung zu vermeintlich bibelfernen Kirchen, als »bibeltreu« bezeichnen). Man macht es sich sehr einfach, wenn man alle bibeltheologischen Fragen auf ein simples »Steht doch da!« reduziert. Und man fügt der Theologie und dem Glauben Schaden zu, wenn man unkritisch alle Spannungen innerhalb des biblischen Zeugnisses unter Hinweis auf irgendwelche göttlichen Masterpläne glattbügelt – denn gerade die Verschiedenheit der in ihr aufbewahrten Lebens- und Glaubenserfahrungen machen die Bibel so lebensnah. Als man irgendwann gegen Ende der Antike anfing, den Umfang der Bibel festzulegen, behielt man einen sehr weiten Horizont im Blick, unter dem verschiedene Traditionen und Erfahrungen zur Sprache kommen konnten. Anders als manche uninformierte Kirchen- und Religionskritiker behaupten, nahm sich die Kirche nicht einfach die Bibel und strich alles heraus, was ihr nicht passte. Die Bibel ist ein gewachsenes Buch, in mehrfacher Hinsicht.

Ein sympathisches und gleichermaßen herausforderndes Schlagwort hat sich im 20. Jahrhundert durchgesetzt: Die Bibel sei »Gottes Wort in Menschenwort«. Wer das sagt, vertraut darauf: »Alles, was Gott durch die Bibel erreichen will, das erreicht er auch.«[3] *God is still speaking* – Gott spricht immer noch, so hieß vor Jahren eine Kampagne der amerikanischen *United Church of Christ*. Zugespitzt auf die gottesdienstliche Lesung bedeutet das: Auch durch die Worte, die Sie vorlesen, kann und wird Gott etwas bewirken. Und zwar dort, wo er es will. Die Wirkung der Lesung haben wir letzten Endes nicht in der Hand, aber wir können unser Möglichstes tun, um alldem nicht unnötig im Weg zu stehen. God is still speaking. Wenn wir das nicht unterschreiben wollen, dann sollten wir in der Tat nicht mehr die Bibel zu Wort kommen und am besten den Gottesdienst und das Ganze des Glaubens einfach sein lassen. Wer von »Gottes Wort in Menschenwort« spricht, gesteht auch zu, dass mündige Christinnen und Christen einzeln wie gemeinsam lernen müssen zu unterscheiden: Zwischen unwichtig und wichtig, Gotteswort und Menschenwort, »Gesetz« und »Evangelium«. Nicht immer werden wir dabei zu denselben Schlüssen kommen. Und nicht immer werden Entscheidungen, die einmal getroffen sind, sich das ganze Leben lang bewähren. So ist das eben, wenn man es mit etwas Lebendigem zu tun hat. Gott sei Dank.

▪◆ Der Bibelgebrauch im Gottesdienst

Inwiefern und ob überhaupt genau die Bibel nun »Gottes Wort« ist, wird in der Theologie sehr unterschiedlich definiert. Trotzdem ist die grundsätzliche Bedeutung der Bibel in allen christlichen Kirchen weitgehend unumstritten. Ein sichtbares Zeichen dieser Hochschätzung der Schrift vor allem im Protestantismus ist die in allen Kirchen sichtbar ausliegende Altarbibel. So wird schon beim Betreten des Gottesdienstraumes deutlich, dass man hier dem Gottesdienst einer zumindest augenscheinlichen »Buchreligion« beiwohnt, in dem das Wort im Zentrum steht. Auch, wenn wir nicht »an die Bibel« glauben, sondern an den, den sie bezeugt – es spricht vieles dafür, diese Symbolkraft nicht zu unterschätzen.

Auch bei den gottesdienstlichen Lesungen sollte daher aus einem Buch vorgelesen werden: »Gottes Dienst an uns gelten lassen heißt für den evangelischen Gottesdienst schlicht und konkret: die Bibel aufschlagen.«[4] Nicht immer eignet sich die Altarbibel dafür: Sie ist in der Regel sehr groß und sehr schwer, ihr Aufnehmen und Absetzen wäre als eigenständiger liturgischer Akt zu begreifen und zu gestalten, der wiederum eingeübt werden müsste – und manchmal durch auf dem Abendmahlstisch herumstehende Dekorations- oder Gebrauchsgegenstände erschwert wird. Außerdem sind Altarbibeln oft in Würde gealtert und bieten nur eine ältere Übersetzung (gern Luther 1912), die im Gottesdienst nur unter bestimmten Bedingungen zu gebrauchen ist. Dann stellt sich natürlich die Frage, ob man die Symbolkraft des Buches nicht untergräbt, indem die Bibel vom Gebrauchsgegenstand zur bloßen Dekoration degradiert wird?

DIE BIBEL IN DER KIRCHE
Werfen Sie einen Blick in »Ihre« Altarbibel. Welche Übersetzung bietet sie? Ist sie praktisch für den Gebrauch im Gottesdienst geeignet, auch im Blick auf Größe und Gewicht? Falls nicht – vielleicht ist es Zeit für eine neue Altarbibel. Auf jeden Fall aber für ein Gespräch in der Gemeinde, welche Bibel die Altarbibel im Besonderen und die Bibel im Allgemeinen im Gottesdienst und im Leben der Gemeinde hat.

Die Lesung sollte aus einem Buch erfolgen. Das kann die eigene Bibel sein. Auch das hat eine symbolische Bedeutung, die nicht zu unterschätzen ist: Bibeln haben oft eine Geschichte – die nehme ich in dem Moment mit ans Lesepult, der »Gebrauchsgegenstand« meiner persönlichen Andacht, das vertraute Schriftbild, all das kann mir für die Lesung Sicherheit geben. Für die Gemeinde wird deutlich, dass die Bibellesung eine Verankerung im Alltag der oder des Vorlesenden hat. Manche Gemeinden (vorwiegend lutherischer Tradition) haben auch ein *Lektionar* oder ein *Perikopenbuch* zur Verfügung, in dem alle Lesungstexte der Perikopenordnung augenfreundlich abgedruckt sind. Denn: Nicht jeder kommt mit dem oft recht kleinen Schriftbild einer Bibel für den Hausgebrauch zurecht. Dann ist es natürlich in Ordnung, den Lesungstext in größerer Type auf einem Blatt Papier auszudrucken und in die Bibel hineinzulegen. Auf keinen Fall sollte vom bloßen Blatt abgelesen werden – das sieht mehr als nur seltsam aus: Es erweckt den Eindruck, als verfüge der Lektor oder die Lektorin über Texte und damit über Wissen, das den »normalen« Gemeindegliedern nicht zugänglich ist. Wenn Sie einen Ausdruck verwenden, schneiden Sie das Blatt passgenau zu und fixieren Sie es mit Büroklammern, so vermeiden Sie fliegende Blätter und haben außerdem keine Probleme, die Bibel aufzuschlagen.

> Die Lesung sollte aus einem Buch erfolgen

Immer häufiger wird in den letzten Jahren die Frage nach der Verwendung eines Tablets gestellt – und es gibt in Kirche und Praktischer Theologie ziemlich leidenschaftliche Diskussionen darüber. Die Vorteile sind unbestritten: Die Verwendung eines Tablets ermöglicht es, Papier zu sparen und den Text so groß darzustellen, wie man es braucht. Gleichzeitig kann die Verwendung eines elektronischen Geräts wie ein Fremdkörper im Gottesdienst wirken. Wer sich für eine Lesung vom Tablet entscheidet, sollte einige Dinge beachten: Man muss die Technik absolut sicher beherrschen – und den Akku vorher aufgeladen haben. Die Bildschirmbeleuchtung sollte nicht so stark sein, dass sie das Gesicht des Lesenden von unten beleuchtet, das sieht sehr seltsam aus. Und man muss aufpassen, wo man steht, um sicherzugehen, dass sich keine Lampen von oben in der Glasfläche spiegeln und das Lesen erschweren.

◆ Bibelstellen richtig entschlüsseln

Die Fundstelle eines Bibeltextes wird meist in abgekürzter Form angegeben, zum Beispiel so:

Mt 17,1–9

Die Buchstaben am Anfang verraten, um welches biblische Buch es geht: Das Matthäusevangelium. Für die Abkürzungen gibt es verschiedene Systeme, in diesem Buch folgen sie den *Loccumer Richtlinien*.[5] Die Zahl vor dem Komma gibt das Kapitel an, in dem der Text steht (in den meisten Bibelübersetzungen ist diese Zahl groß gedruckt). Die Zahlen hinter dem Komma beziehen sich auf die Verse, die kleinen, meist hochgestellten Zahlen im Bibeltext. Der letzte angegebene Vers wird mitgelesen, der Textabschnitt endet erst danach.

Manchmal finden sich in den Versangaben auch kleine Buchstaben, zum Beispiel beim ersten Schöpfungsbericht aus dem Ersten Buch Mose:

Gen 1,1–2,4a

Ein a oder b zeigt an, dass es innerhalb eines Verses eine klare Zäsur gibt, vielleicht beginnt ein neuer Satz. Der hier bezeichnete Textabschnitt endet nach der ersten Hälfte des vierten Verses. Bei sehr langen Texten schlägt die Perikopenordnung durch Einklammerungen Textteile vor, die man auslassen kann, zum Beispiel am letzten Sonntag nach Epiphanias:

Ex 3,1–8a(8b.9)10(11–12)13–14(15)

Gerade bei diesem Beispiel mit recht vielen Auslassungen ist es sinnvoll, den genauen Umfang der Lesung mit dem Liturgen oder der Predigerin abzusprechen. Wie und ob man die Zahlen bei der Lesung ausspricht, darüber erfahren Sie später noch etwas.

AKUSTISCHE VERSTÄNDLICHKEIT – ATEM, STIMME UND TECHNIK

Das wichtigste Werkzeug beim Lesen (neben den Augen natürlich) ist die Stimme. Es lohnt sich immer, ein Seminar zu Stimmbildung, Sprech- und Atemtechnik zu besuchen. Auch und gerade Profis in Sprechberufen sollten ihr Instrument auch regelmäßig warten und eventuelle Sprech- oder Stimmstörungen korrigieren, denn: Solche Störungen machen nicht nur das Sprechen unnötig anstrengend, sie sind auch, weil im Körper alles irgendwie zusammenhängt, oft Ausdruck von Problemen an buchstäblich anderen Stellen. Außerdem übertragen sich Stimmstörungen auf die Zuhörenden. Und viel wichtiger noch: Es macht Spaß! Nicht nur das Training, auch das Lesen im Gottesdienst wird Ihnen mehr Freude machen, je besser Sie Ihre eigene Stimme kennen und gezielt einsetzen können – das macht Sie weniger abhängig von irgendwelchen Tagesformen. Und das überträgt sich erst recht auf die Zuhörenden.

Die folgenden Tipps können und sollen ein professionelles Sprechtraining oder einen Workshop nicht ersetzen – vielleicht fragen Sie in Ihrer Gemeinde mal nach, ob so etwas nicht für den Lektorenkreis angeboten werden kann?

Im Folgenden finden Sie daher in erster Linie einige Bemerkungen über stimmtechnische Zusammenhänge und solche ausgewählten Übungen, die Sie ohne Risiko zuhause oder vor dem Gottesdienst machen können, um die Stimme aufzuwärmen und einzelne Aspekte zu trainieren.

Die menschliche Stimme

Die Erzeugung der menschlichen Stimme ist ein hochkomplexer Vorgang, selbst wenn das Grundprinzip recht simpel ist: Mit Hilfe des Zwerchfells wird Luft in die Lunge eingesogen und bald wieder ausgestoßen. Der Luftstrom aus den Lungen versetzt die Stimmlippen im Kehlkopf in Schwingung, diese erzeugen Schall. Der dabei entstehende Grundklang wird in den oberhalb des Kehlkopfes liegenden Teilen des Stimmapparats weiter bearbeitet – und zwar durch so ziemlich alles, was sich in Rachen-, Nasen- und Mundhöhle befindet: Zunge, Zähne, Lippen, Gaumensegel und noch so einiges andere.

> Stimme entsteht nicht nur im Hals!

Das alles muss man nicht wissen, um sprechen zu können – man kann ja auch ohne jegliches Wissen über die Bewegungsabläufe im Bein ganz hervorragend Fußball spielen. Ein paar Dinge können Sie sich aber ruhig merken. Erstens: Stimme entsteht nicht nur im Hals, Ihr ganzer Körper ist am Sprechvorgang beteiligt. Zweitens: Veränderungen bei einzelnen Teilen des Stimmapparats wirken sich auf die gesamte Stimme aus. Drittens: Atem, Atem, Atem. Je besser, das heißt effektiver und entspannter Sie atmen, desto größer sind Ihre stimmlichen Möglichkeiten. Stellen Sie sich den Sprechvorgang wie die Arbeit eines Töpfers vor: Der Atem ist der Ton, aus dem Sie mit Hilfe von Geschick und Werkzeugen etwas modellieren, das Grundmaterial, aus dem alles andere heraus entsteht.

Apropos »besser«: Wenn in Stimmbildung und Sprechtraining von »gut« oder »schlecht« die Rede ist, dann geht es dabei nicht um irgendwelche klanglichen Ideale, wie Stimmen zu klingen haben – welche Stimme man »schön« findet, ist von Kultur zu Kultur sehr verschieden. Stattdessen geht es ganz nüchtern um Ökonomie: Wie kann ich bei meinen individuellen Voraussetzungen mit möglichst geringem Aufwand laut, verständlich und ausdauernd sprechen?

Wie gesagt, beim Sprechen und Singen ist der ganze Körper beteiligt. Das fängt ganz unten an, bei Beinen und Füßen – sprechen wir also über einen guten Stand.

◆ Einen Standpunkt finden

Ein sicherer Stand beeinflusst die Stimmbildung positiv: Wer fest steht und nicht dauernd nach der Balance suchen muss, atmet entspannter, hat damit mehr Luft zur Verfügung und kann sich ganz auf das Sprechen konzentrieren. Gleichzeitig strahlen Sie Ruhe aus, das überträgt sich auf die Gemeinde und hilft ihr, sich auf die Lesung zu konzentrieren.

Idealerweise wissen Sie, wie Sie am besten stehen, bevor Sie hinter das Lesepult oder in den Altarraum treten. Deswegen ist es empfehlenswert, die folgenden Übungen erst einmal zuhause zu machen – gerne öfter. Wenn Sie einen Ganzkörperspiegel haben, vor den Sie sich in einem Mindestabstand von einem Meter hinstellen und bewegen können: umso besser.

FESTER STAND
Stellen Sie sich hin. Die Füße stehen etwa hüft- bis schulterbreit auseinander. Die Knie sollten nicht ganz durchgedrückt sein, sondern ohne großen Aufwand ein wenig Bewegung zulassen. Wippen Sie ein paar Mal von vorn nach hinten, belasten Sie abwechselnd Fußballen und Ferse. Lassen Sie die Bewegung langsam auspendeln. Versuchen Sie dabei, möglichst entspannt zu bleiben und bei den letzten Bewegungen wenig zu kontrollieren. Warten Sie ab, bis die Wippbewegung wie von selbst aufgehört hat – wahrscheinlich stehen Sie jetzt schon sehr gut: Stabil, ohne dafür unnötig viel Kraft aufzuwenden. Schließen Sie die Augen und spüren in sich hinein. Wie fühlt sich das an? Öffnen Sie die Augen und sehen Sie in den Spiegel. Wie sieht der Mensch aus, der Ihnen jetzt entgegenblickt?

Für einen guten Stand stehen Ihre Füße etwa hüft- bis schulterbreit auseinander – so verteilt sich das Körpergewicht optimal, und Sie können weder nach vorn oder hinten noch zur Seite so ohne Weiteres umkippen. Möglicherweise ist diese Fußstellung für Sie ungewohnt. Geben Sie sich und Ihrem Körper etwas Zeit, um sich daran zu gewöhnen.

DEN SICHEREN STAND WIEDERFINDEN
Nehmen Sie einen guten Stand ein: Die Füße hüft- bis schulterbreit, die Knie nicht durchgedrückt. Gehen Sie ein paar Schritte. Kehren Sie dann in Ihre Ausgangsposition zurück. Überprüfen Sie Ihren Stand: Stehen die Füße schulterbreit? Sind die Knie locker? Korrigieren Sie gegebenenfalls. Bleiben Sie einen Moment so stehen. Und wiederholen Sie das Ganze. Am besten so lange, bis Sie automatisch gut stehen.

Nutzen Sie Situationen im Alltag, in denen Sie stehen müssen, um einen guten Stand einzuüben. Zum Beispiel dann, wenn Sie an der Kasse anstehen. Oder in der U-Bahn. Achten Sie einmal darauf, wie Ihre Beine automatisch arbeiten, um das Gleichgewicht zu halten. So entwickeln Sie mit der Zeit ein besseres Gefühl für Ihren Körper.

Zu einer vorlese- und sprechfreundlichen Haltung gehört auch ein ausgewogener Körpertonus (Anspannung): Ihr Rumpf sollte weder unnötig überstreckt sein, noch völlig schlaff auf den Beinen hängen. Die folgende Übung kann Ihnen helfen, in dieser Hinsicht das Gleichgewicht zu finden. Achtung – führen Sie sie nur durch, wenn zwei Grundvoraussetzungen erfüllt sind: Rücken und Kreislauf sollten einigermaßen einwandfrei funktionieren. Und in einem Radius von etwa anderthalb Metern sollten keine Mauern, Tische oder Schränke Ihren Bewegungsraum stören. Insbesondere nicht nach vorn.

HALTUNG DES OBERKÖRPERS
Stellen Sie sich hüftbreit hin. Lassen Sie dann den Oberkörper nach vorne fallen, atmen Sie dabei aus. Die Arme baumeln einfach so, der Kopf hängt nach unten, auch Ihr Oberkörper ist völlig spannungsfrei. Bleiben Sie ein paar Augenblicke in dieser Haltung. Richten Sie sich dann beim Einatmen langsam auf, Wirbel für Wirbel. Lassen Sie die Arme dabei die ganze Zeit herunterhängen. Wenn Ihr Oberkörper ganz aufgerichtet ist, sollte das Kinn noch nah an der Brust sein. Richten Sie zuletzt den Kopf auf, bis Sie gerade nach vorn gucken.

Stehen Sie stabil und dabei locker? Super. Dann wenden wir uns der Atmung zu.

▪▶ Atem

Der Atem ist das Material, aus dem unsere Stimme modelliert wird. Das Zwerchfell und andere am Atemprozess beteiligte Körperteile sind Muskeln, und wie alle anderen Muskelpartien auch können sie trainiert werden. Das geht mit einer Reihe recht einfacher Übungen, die man auch zuhause machen kann. Die Effekte bei regelmäßigem Training wirken sich nicht nur auf das Sprechen und Singen aus: Das nutzbare Lungenvolumen vergrößert sich, das Gehirn und alle anderen Körperregionen werden mit mehr Sauerstoff versorgt, die Kondition verbessert sich.

Eine weit verbreitete Form der Fehlatmung sollte man sich dabei so gut wie möglich abgewöhnen: Die so genannte Hochatmung. Das heißt nichts anderes, als dass man (meistens unbewusst) der Lunge, zum Beispiel durch unwillkürliches Anspannen der Bauchmuskeln, keinen Raum lässt, sich auszudehnen – den Raum hat sie nämlich nur unterhalb des Rippenkäfigs. Stattdessen wird der Brustkorb hochgezogen, die Lunge kann dabei aber nur einen Teil ihres Volumens ausnutzen. Von außen erkennt man das oft daran, dass Betroffene die Schultern hochziehen – dadurch verkrampft sich der gesamte Oberkörper. Grund für diese weit verbreitete Störung sind meist kosmetische Bedenken: Man versucht, den Bauch einzuziehen, um dadurch schlanker zu wirken. Ein erster Schritt weg von dieser Fehlatmung ist es, bewusst »in den Bauch« zu atmen, das heißt darauf zu achten, dass sich auch der Bauchraum beim Atmen ausdehnt. Das können Sie zu jeder Tageszeit, zu der Sie ein wenig Ruhe haben, üben. Und das sollten Sie bei allen folgenden Übungen im Gedächtnis behalten.

TIEFEN- UND FLANKENATMUNG TRAINIEREN

Stehen Sie hüftbreit, mit lockeren Knien und aufrechtem Oberkörper. Legen Sie die Hände in die Seiten, direkt unter den Rippenbogen – dort, wo es weich ist. Atmen Sie tief ein, achten Sie dabei darauf, die Schultern nicht hochzuziehen. Konzentrieren Sie sich auf die Stellen, auf denen Ihre Hände aufliegen, und versuchen Sie, die Hände beim Einatmen ein paar Zentimeter nach außen zu drücken.

Vielleicht gelingt Ihnen das nicht beim ersten Mal. Aber: Übung macht den Meister, versprochen! Atmen Sie ruhig und kontrolliert aus, lassen Sie die Luft durch den nur leicht geöffneten Mund und durch die Zähne ausströmen, sodass Sie ein lang gezogenes Ffff erzeugen. Ziel ist ein möglichst gleichmäßiger Ton, der im Laufe der Zeit immer länger wird. Wiederholen Sie die Übung mehrfach, legen Sie irgendwann eine Hand auf den Bauch, etwas unterhalb des Nabels. Spüren Sie, wie sich der Bauchraum auch nach vorn ausdehnt.

Durch gezielte Ausatemübungen können Sie das Zwerchfell trainieren und darauf hinarbeiten, dass es automatisch eine vorteilhafte Atemposition einnimmt.

DAS ZWERCHFELL WECKEN
Atmen Sie tief und entspannt in den Bauchraum. Stoßen Sie beim Ausatmen die Luft abwechselnd auf die Laute p, t und k (die sogenannten Plosive) aus. Wenn Sie die Hände dabei in die Flanken oder auf den Bauch legen, spüren Sie, wie das Zwerchfell automatisch nach jedem Ausatemstoß dafür sorgt, dass neue Luft in die Lungen gelangt. Wiederholen Sie die Übung ein paar Mal, variieren Sie sie danach, indem Sie den Plosivlauten ein Echo hinzufügen: p-p-p, t-t-t, k-k-k …

▪▶ Kleines stimmliches Aufwärmtraining am Sonntagmorgen

Wenn Sie sonntagmorgens mit der Lesung dran sind, sorgen Sie am besten schon vor dem Gottesdienst dafür, dass Ihre Stimme einigermaßen aufgewärmt ist und die wichtigsten Werkzeuge geölt und einsatzbereit sind. Gönnen Sie sich ein paar Minuten am Morgen, um richtig wach zu werden und sich auf den Gottesdienst vorzubereiten – das wird Sie entspannter und handlungsfähiger machen.

Beginnen Sie direkt nach dem Aufstehen. Nehmen Sie einen guten Stand ein (siehe oben), atmen Sie ein paar Mal bewusst in den Bauch und gleichmäßig wieder aus. Lockern Sie dann Ihren Körper und bringen Sie Ihren Kreislauf in Schwung.

KÖRPER LOCKERN UND KREISLAUF ANKURBELN
Schütteln Sie Ihren Körper aus. Zuerst abwechselnd die Beine, dann die Arme und die Hände. Stellen Sie sich dann auf die Zehenspitzen (natürlich, wie immer, schulterbreit). Strecken Sie beide Arme über den Kopf und greifen Sie abwechselnd nach irgendetwas an der Zimmerdecke. Strecken Sie dabei die Arme richtig weit aus und genießen Sie das Gefühl, wie Ihr ganzer Körper dabei wach wird.

Weiter geht es im Badezimmer. Duschen Sie ausgiebig, atmen Sie dabei ein paar Mal bewusst durch den Mund ein – natürlich, wie immer, ordentlich tief, ohne die Schultern hochzuziehen. Die warm-feuchte Raumluft im Badezimmer tut Ihrer Stimme gut, und Sie sind einigermaßen ungestört. Wenn Sie Hemmungen bei den folgenden Stimmübungen haben, lassen Sie einfach das Wasser weiter laufen, so haben Sie eine Geräuschkulisse, die Sie nicht stört, aber ein bisschen schützt.

Sie tun sich etwas Gutes, wenn Sie ganz herzhaft und ungeniert gähnen. Dadurch regelt der Körper den Luftaustausch ganz automatisch, der Kehlkopf rutscht in eine entspannte und damit günstige Lage und das Zwerchfell wird aktiviert. Sie müssen nicht warten, bis Sie besonders müde oder gelangweilt sind, den Gähnreflex können Sie auch gezielt auslösen.[6]

GÄHNREFLEX AUSLÖSEN
Lassen Sie den Unterkiefer nach unten klappen, sodass Ihr Mund relativ weit geöffnet ist. Atmen Sie tief durch den Mund ein. Wenn sich jetzt noch kein Gähnreflex eingestellt hat, ziehen Sie die Luft stoßweise ein und formen Sie mit den Lippen ein O. Jetzt müsste es klappen – genießen Sie es und gähnen Sie ein paar Mal aus vollem Herzen.

Sie können die positiven Effekte des Gähnens verstärken und gleichzeitig etwas für den gesamten Umfang der Stimme tun, indem Sie geräuschvoll gähnen und letztlich nichts anderes tun, als das natürliche Geräusch nachzuahmen, das entsteht, wenn wir ohne Hand vor dem Mund und gesellschaftliche Konventionen gähnen.

GÄHNEN DE LUXE
Beginnen Sie auf einem Ton deutlich über Ihrer normalen Sprechstimme, im Kopfstimmen- oder Falsettbereich (das, was man oft mit Opernsängerinnen in Verbindung bringt). Gleiten

Sie während des Gähnens auf diesem Ton hinunter – auch hier wieder: ganz entspannt, ohne Druck auf die Stimme auszuüben. Übertreiben Sie also einfach Ihr natürliches Gähngeräusch.

Verstärken Sie den Effekt mit einer begleitenden Geste: Tun Sie so, als ob Sie den Ton irgendwo auf Ihrem Kopf abpflücken, und strecken Sie beim Gähnen den Arm mit nach oben gerichteter, offener Handfläche aus, als ob Sie jemandem etwas überreichen.

Mit dem Gähnen rutscht Ihre Stimme ohne viel Mühe in eine angenehme Lage, die sogenannte Indifferenzlage – dazu später mehr. Weil Stimme nicht nur im Hals entsteht, aktivieren Sie im nächsten Schritt die Resonanzräume, also die Räume im Innern Ihres Körpers, die der Stimme ihren Klang geben.

RESONANZRÄUME AKTIVIEREN

Atmen Sie ein paar Mal tief ein und aus. Achten Sie dabei darauf, dass Sie Ihre Schultern nicht nach oben ziehen und den Bauch nicht daran hindern, sich beim Einatmen nach vorne auszudehnen. Summen Sie einen Ton in einer für Sie angenehmen Lage, ganz leise, ohne Druck auf die Stimme auszuüben. Versuchen Sie, den Ton möglichst lange zu halten, aber auch hier ohne Druck und Stress: Wenn die Luft zu Ende ist, atmen Sie einfach wieder tief und entspannt ein und summen dann weiter.

Halten Sie sich abwechselnd die Nasenlöcher beim Summen zu.

Trommeln Sie dann sanft mit den Fingerspitzen zuerst auf die Stirn, dann auf die Nasennebenhöhlen und schließlich etwas kräftiger und mit den ganzen Fingern auf die Brust.

Die oberen an der Erzeugung von Sprache beteiligten Werkzeuge sind morgens noch ein wenig müde, zwischen Aufstehen und Gottesdienstbeginn ist meist nicht allzu viel Gelegenheit, sich warmzusprechen. Auch hierfür können Sie die Zeit vor dem Badezimmerspiegel nutzen oder, wenn es sein muss, im Auto auf dem Weg zur Kirche.

LIPPEN LOCKERN

Atmen Sie tief und entspannt ein. Schnauben Sie beim Ausatmen wie ein Pferd, indem Sie Ihre Lippen vibrieren lassen. Wiederholen Sie dies ein paar Mal, Sie werden feststellen, dass es von Mal zu Mal länger funktioniert. Wenn Ihr Mund danach ein bisschen kribbelt, haben Sie alles richtig gemacht. Sie können diese Übung erweitern, indem Sie wiehern wie ein Pferd und damit Ihre stimmliche Bandbreite aktivieren und den Registerausgleich unterstützen.

Eine weitere sehr einfache und dabei fast verblüffend effektive Übung können Sie auch noch machen, wenn Sie schon längst in der

Kirche in Ihrer Bank sitzen. Vielleicht hilft Ihnen das auch bei aufkommender Nervosität kurz vor der Lesung, wenn Sie dafür eine Übung parat haben – so erinnern Sie sich daran, dass Sie nicht irgendeiner Tagesform ausgeliefert sind, sondern Ihre stimmliche Leistung auch in buchstäblich letzter Sekunde noch positiv beeinflussen können: Sie lockern die oberen Sprechwerkzeuge und ölen Ihre Stimme.

LUTSCHEN UND KAUEN
Schließen Sie den Mund, ohne die Lippen aufeinanderzupressen. Stellen Sie sich vor, Sie haben ein Lutschbonbon im Mund. Bewegen Sie es gerne mit überdeutlichen Bewegungen im gesamten Mundraum hin und her. Machen Sie dann ein paar Kaubewegungen. Wenn Sie ungestört sind (also noch nicht im Gottesdienst sitzen), machen Sie dabei genussvolle Summlaute. Durch die Kaubewegung wird der Speichelfluss angeregt, durch das Runterschlucken wird der Stimmapparat befeuchtet.

▪◆ Der Klang der eigenen Stimme

Vielleicht sind Sie schon einmal zusammengezuckt, als Sie sich selbst auf einem Anrufbeantworter oder einem Video gehört haben. »Das soll ich sein?!« Gleich drei gute Nachrichten. Erstens: Das geht jedem so. Die Gründe sind physiologischer Art – unsere eigene Stimme hören wir nicht nur durch die Ohren von außen, sondern auch von innen und damit durch einige Resonanzkörper verstärkt und um mehrere Klangebenen erweitert. Ein Aufnahmegerät nimmt aber nicht unser Innenleben auf, nur das, was rauskommt. Zweitens: Andere Leute empfinden das gar nicht so – die hören Ihre Stimme ja auch nur von außen. Für wen das nur ein schwacher Trost ist, kommt hier die dritte gute Nachricht: Man gewöhnt sich dran, wenn man sich oft genug selbst hört. Und lehrreich ist es allemal, zu erleben, wie Selbst- und Fremdwahrnehmung auseinandergehen können.

DIE EIGENE STIMME VON AUSSEN HÖREN

Wie sich die eigene Stimme für andere anhört, können Sie ganz leicht herausfinden: Legen Sie dazu die Hände muschelförmig, mit nach vorn weisenden Handflächen hinter die Ohren und sprechen Sie los. Oder legen Sie die Hände vor die Ohren, sodass die Handflächen nach hinten zeigen (so bekommen Sie gleichzeitig ein gutes Gefühl für den Raumklang). Auf diese Weise gelangt mehr vom Außenklang Ihrer Stimme ins Ohr.

In welcher Tonlage sich Ihre natürliche Sprechstimme bewegt, ist zu einem großen Teil körperlich festgelegt, etwa durch die Beschaffenheit Ihrer Stimmlippen. Das führt dazu, dass es einen bestimmten Frequenzbereich gibt, im Rahmen dessen Sie Ihre Stimme besonders effektiv einsetzen können, die sogenannte *Indifferenzlage*.

DIE INDIFFERENZLAGE ERKUNDEN

Legen Sie beide Hände um Ihren Hals. Ganz sanft natürlich, ohne Druck auszuüben. Summen Sie leise und ohne Druck, und gleiten Sie dabei in der Tonhöhe auf und ab. Sie werden merken, wie sich Ihr Kehlkopf bewegt und der Stimmapparat in Schwingung gerät. In einem bestimmten Tonbereich sind diese Schwingungen stärker als sonst – hier liegt Ihr bevorzugter Frequenzbereich.

Eine andere und vielleicht etwas eindeutigere Möglichkeit: Zählen Sie monoton bis 50. Irgendwann pendelt sich die Stimme in einer für Sie angenehmen Lage ein. Auch das oben beschriebene »Lutschen und Kauen« mit dem dazugehörigen Behaglichkeitssummen bringt Sie auf die Spur Ihrer Indifferenzlage.

Natürlich können Sie diesen Schonbereich ab und zu gezielt und unter kontrollierten Formen verlassen, zum Beispiel beim Singen. Oder wenn Sie beim Vorlesen besondere dramaturgische Effekte erzielen wollen. Ein dauerhaftes Sprechen außerhalb dieses

Bereichs aber führt zu Überanstrengung und dadurch möglicherweise zu Stimmstörungen.

Wenn das so ist, hat das oft tiefere Ursachen, die etwa mit dem eigenen Selbstbild zu tun haben, das Sie dazu verleitet, anders klingen zu wollen als Sie das eigentlich tun. Manche Männer versuchen, durch das Herunterziehen des Kehlkopfs besonders tief und damit besonders »männlich« zu sprechen. Manchmal greifen Frauen bewusst oder unbewusst zu einer zu hohen Stimme, um niedlich, mädchenhaft, klein-bedürftig zu klingen. Das kann an Erwartungen liegen, die wir selbst oder andere an uns haben. Das hängt eng zusammen mit unseren kulturell geprägten Konzepten von Geschlechterrollen – und bei religiösen Menschen dann oft auch mit Vorstellungen davon, was Gott von ihnen verlangt.

Ohne hier allzu sehr in die Küchenpsychologie abzudriften, eins dürfte deutlich geworden sein: Unsere Stimme hängt eng mit unserem Selbstbild und damit auch mit unserer gesamten Wirklichkeitswahrnehmung und Lebensdeutung zusammen. Kein Wunder, dass Stimmbildung und Sprecherziehung psychologisch äußerst sensible Bereiche sind – es geht ans Eingemachte.

◆ Der schonende Umgang mit der Stimme

Können Sie sich eine Violinistin vorstellen, die ihre Geige ohne Schutzkoffer bei Wind und Wetter auf dem Balkon aufbewahrt und sie nach einer Orchesterprobe achtlos auf die Rückbank ihres Autos wirft? Wahrscheinlich nicht. Mit wertvollen Instrumenten will sorgsam umgegangen werden – das betrifft die Stimme wie alle anderen. Sie können Ihre Stimme schonen, indem Sie ein paar Dinge einfach lassen:

Zum Beispiel das Räuspern. Man tut es, oft unbewusst, um einen »Frosch im Hals«, also einen Belag auf den Stimmbändern, zu entfernen. Oft auch einfach nur als Übersprungshandlung, aus Nervosität. Lassen Sie es. Räuspern beansprucht die Stimmbänder auf extrem ungünstige Art, es regt sie zudem zur vermehrten Schleimbildung an und verstärkt das Gefühl einer belegten Stimme. Wenn Sie etwas dagegen tun wollen, summen Sie leise oder husten Sie vorsichtig. Das gilt allerdings nur, wenn Sie ansonsten gesund sind.

Wenn Sie erkältet sind, also über einen reinen Schnupfen hinaus auch Ihr Hals betroffen ist, sollte eigentlich Sprechverbot herrschen. Zu groß ist das Risiko, dass Sie den ohnehin angegriffenen Stimmapparat noch mehr belasten und sich über einen längeren Zeitraum schlechte Sprechgewohnheiten einschleichen. Nutzen Sie die Zeit Ihrer Krankheit, sich zu erholen. Sehen Sie es positiv: Mehrtägiges Schweigen ist Teil vieler Exerzitien und geistlicher Übungen – dafür brauchen Sie sich jetzt nicht einmal in einem Kloster einzuquartieren. Wenn Sie sonntags Lektorendienst haben, sagen Sie (möglichst frühzeitig) ab. Falsches protestantisches Leistungsdenken (»ein Christ ist immer im Dienst!«) kommt aus schlechter Theologie. Und so etwas gehört nicht in den Gottesdienst. Eine der wenigen guten Seiten der Corona-Pandemie ist vielleicht, dass Kirchengemeinden hier sensibler und die engagierten Menschen vorsichtiger geworden sind.

Vermeiden Sie stimmliche Extreme: Sowohl Flüstern als auch Schreien kann die Stimme überanstrengen und auf Dauer schädigen – wer, etwa aus beruflichen Gründen, oft laut sprechen muss, sollte sich professionelle Hilfe suchen, um eine Sprechtechnik zu erarbeiten, die das ohne Verluste ermöglicht.

Dass Rauchen die Stimme (und einiges mehr) schädigt, muss wohl kaum eigens betont werden. Was dem Sprechen auch nicht gut tut, ist trockene Raumluft. Achten Sie bei sich zuhause auf ausreichende Belüftung. Überhaupt: Feuchtigkeit. Trinken Sie regelmäßig, vor allem natürlich Wasser, das hält Ihre Stimmwerkzeuge geschmeidig. Einen ähnlichen Effekt erzielen Sie mit Halsbonbons, die die Speichelbildung anregen.

Theologischer Ausflug:
Kleine biblische Theologie der Stimme

Wenn in der Lutherübersetzung der Hebräischen Bibel von der »Seele« die Rede ist, dann steht im Urtext meist das hebäische Wort *näfäsch*. Das aber meint nicht etwas Unsichtbares, das den Körper belebt und ihm übergeordnet ist – solches Denken war den Verfassern und ersten Leserinnen der Bibel fremd, weil sie den Menschen als Einheit verstanden.

Näfäsch bedeutet ursprünglich »Kehle« oder »Schlund«. Der berühmte Psalmvers »Lobe den Herrn, meine Seele/näfäsch« bekommt so eine weitaus verständlichere und handfestere Bedeutung. Im übertragenen Sinn ist mit der näfäsch der Mensch in seiner ganzen Bedürftigkeit[7] gemeint – nach Wasser, Nahrung und Atemluft, aber auch nach Kommunikation und Zuwendung.

Durch eine solche Zuwendung Gottes entsteht erst die näfäsch des Menschen und macht ihn zu etwas Lebendigem: Nach Gen 2,7 bläst Gott dem Menschen seinen Lebensatem ein (*ruach*, interessanterweise dasselbe Wort, das an anderen Stellen mit [Gottes] Geist wiedergegeben wird) – ohne diesen Impuls, diese göttliche Mund-zu-Nase-Beatmung, wären wir tote Materie. Durch den Atem werden wir lebendig, und gleichzeitig lebenslang abhängig von Dingen, die uns von außen geschenkt werden.

Unsere Stimme ist Teil unserer Gottebenbildlichkeit – Gott selbst spricht. Manchmal klingt sie wie Donnergrollen (Ps 18,14), manchmal ist sie einer menschlichen Stimme zum Verwechseln ähnlich (1Sam 3). Auch wir sind mit einer Stimme geschaffen, mit der Fähigkeit und dem Bedürfnis, uns unserer Umwelt über Sprache mitzuteilen.

Erinnern Sie sich? Stimm- und Sprechstörungen sind manchmal Ausdruck tiefer liegender Probleme. Heiserkeit kann stressbedingt sein oder mit chronischer Überforderung zu tun haben. Falsche Sprechgewohnheiten können mit dem eigenen Selbstbild zu tun haben oder mit Erwartungen von außen, die man meint erfüllen zu müssen. Der Extremfall ist ein totaler Sprachverlust aufgrund traumatischer Erlebnisse oder schwerster dissoziativer Störungen.

In der Bibel wird das manchmal von Menschen gesagt, die in der damaligen Sprach- und Vorstellungswelt als »Besessene« bezeichnet werden. So geht es dem »besessenen Knaben« (Mk 9,14–29), der Krankheitssymptome zeigt, die wir heute vielleicht als »Epilepsie« deuten würden, die aber in der Bibel mit eindrücklichen Bildern beschrieben werden: Ein »sprachloser Geist«, der nicht nur den Jungen selbst, sondern auch die Menschen in seiner Umgebung sprachlos macht. Der Heilungsprozess, den Jesus initiiert, betrifft nicht nur den Jungen selbst, sondern auch seinen Vater, der im Laufe der Geschichte lernt, über sich selbst zu sprechen – und die Jünger, die ihre Sprachlosigkeit hinter theologischem Debattieren verstecken.

Auf heilsame Art und Weise relativiert die Bibel auch unsere kulturell gebundenen Vorstellungen von einer »schönen« Stimme: Als nach der Tempelreinigung die Blinden und Lahmen den Tempel erobern und von Jesus geheilt werden (Mt 21,12–17), schreien (im Griechischen: krächzen) die Kinder »Hosianna«. Auf die entrüstete Einmischung der Schriftgelehrten antwortet Jesus mit dem verheißungsvollen Satz: »Aus dem Mund der Unmündigen und Säuglinge hast du dir Lob bereitet« (Ps 8,3). Wenn das mal nicht verheißungsvoll für unser gottesdienstliches Reden, Singen und Handeln ist!

◆ Zum Umgang mit Mikrofonen

Grundsätzlich gilt: Mikrofone und Lautsprecheranlagen sind sinnvolle Hilfsmittel, aber keine Wundermaschinen. Sie bringen ihre eigenen Schwierigkeiten mit, die sich von Ort zu Ort, von Anlage zu Anlage unterscheiden können und beim Einsatz bedacht werden müssen. Eine eigentlich simple, aber oft nicht genug beachtete Grundregel lautet: Mikrofone und Lautsprecher verstärken nur das, was da ist. Undeutliche Sprache wird auch über Lautsprecher nicht deutlicher, nur lauter – ein Mikrofon ersetzt keine deutliche Artikulation. Die in Kirchen üblichen Sprechmikrofone unterscheiden sich vor allem im Hinblick auf die Richtcharakteristik, also auf den Winkel, in dem sie Töne aufnehmen können. Manche Mikrofone (oft im Altarraum eingesetzt und im Kirchenjargon als »Streumikros« bezeichnet) nehmen Töne aus größerer Entfernung und einem größeren Winkel auf, andere (oft an Kanzeln oder Lesepulten) machen ein nahes »Hineinsprechen« notwendig.[8]

> Mikrofone und Lautsprecher machen nur lauter, nicht deutlicher

Lautsprecher machen lauter, nicht deutlicher!

Mit der Mikrofonanlage sollte man sich immer vertraut machen und vor allem den optimalen Abstand zwischen Mund und Mikrofon ausprobieren: Steht man zu weit weg, wird zu wenig von dem, was gesprochen wird, übertragen. Steht man zu nah am Mikrofon, kann die Anlage übersteuern und durch die Übertragung unerwünschter Störeffekte (Schnalzen, Schmatzen, Atmen, »Nahspracheffekt« usw.) das Hören behindern. Hier hilft nur eins: ausprobieren!

Oft ist zu beobachten, dass Lektorinnen und Lektoren vor der Lesung irgendetwas am Mikrofon bewegen und etwa Höhe oder Neigung leicht verändern. Hier muss im Einzelfall geprüft werden, ob das technisch notwendig ist (bei »Streumikros« in der Regel nicht), oder ob es sich beim Nesteln am Mikrofonständer um eine sogenannte *Übersprunghandlung* handelt – also um eine Bewegung, die dem Überspielen von Unsicherheit dient.

Wenn eine Veränderung notwendig ist, ist darauf zu achten, dass weder der Mikrofonkopf noch das Kabel berührt werden, da dies zu unerwünschten Knackgeräuschen führen kann. Stattdessen sind alle Veränderungen am Mikrofonstativ selbst auszuführen; man sollte zudem darauf achten, die beweglichen Teile behutsam anzufassen, da auch zu heftiges Anpacken über das Mikrofon übertragen werden kann.

Das Mikrofon sollte dabei möglichst nicht das Gesicht der Lesenden verdecken, da auch Mimik und Lippenbewegungen als Elemente der nonverbalen Kommunikation das Verständnis des Gehörten erleichtern.

Ausdrückliche Mikrofontests (»Eins-zwei, eins-zwei ...«) oder gar das Klopfen auf den Mikrofonkopf sind im Gottesdienst unbedingt zu unterlassen. Vor allem sollte der Mikrofoncheck vor dem Gottesdienst erfolgt sein. Wer sich aufgrund technischer Schwierigkeiten immer noch unsicher ist, kann die Einleitung zur Lesung als »Testsatz« benutzen und dabei aufmerksam in den Raum hineinhören – und die Zuhörenden im Auge behalten. Bei bekannten Schwierigkeiten mit der Mikrofonanlage kann es sinnvoll sein, zu Beginn des Gottesdienstes darum zu bitten, bei Hörschwierigkeiten ein Handzeichen zu geben – so werden die Zuhörenden auch an ihre Verantwortung für das eigene Hören erinnert.

Wichtig beim Umgang mit Mikrofonen: Ob mit oder ohne elektronische Verstärkung, Adressatin des Gesprochenen bleibt die Gemeinde! Gerade mit nur wenig Übung muss man sich das bewusst machen, beim Vorlesen die Gemeinde nicht unbedingt im Blick, aber auf jeden Fall im Gedächtnis behalten und nicht nur bis zum Mikrofonkopf denken.

•◆ Raumakustik

Jeder Raum schafft sein eigenes Klangerlebnis, das vor allem von der sog. *Nachhallzeit* abhängt, das heißt von der Zeit, in der ein Ton oder Geräusch nach dem Verstummen seiner Quelle noch zu hören ist. Entscheidend für die Nachhallzeit ist nicht nur die Größe des Raumes, auch Aspekte der Architektur und der Einrichtung spielen dabei eine Rolle: Nackte Steinwände mit einer glatten Oberfläche reflektieren Schallwellen und sorgen für eine längere Nachhallzeit, unebene Oberflächen »schlucken« den Klang. Auch Hindernisse wie Säulen, Zwischenwände und Ähnliches stehen den Schallwellen im Weg und verkürzen so die Nachhallzeit oder sorgen dafür, dass akustische Signale an verschiedenen Orten mit Verzögerung ankommen. Gerade Kirchen sind für ihre langen Nachhallzeiten bekannt (und wahlweise beliebt oder gefürchtet), besonders in spätromanischen und gotischen (also vor Mitte des 16. Jahrhunderts erbaute) sowie neoklassizistischen Kirchen klingen Töne besonders lange nach – Rekordhalter in Europa ist der Kölner Dom mit rund 13 Sekunden.

Zu den besonders starken »Schallschluckern« gehören aufgrund ihrer rauen Oberfläche Textilien, also in Kirchen vor allem Sitzkissen, Wandbehänge, Antependien, Teppiche – und die Kleidung der im Raum anwesenden Menschen. Bei einer voll besetzten Kirche verringert sich die Nachhallzeit etwa um ein Drittel bis um die Hälfte.

Die optimale Nachhallzeit für Sprachdarbietungen beträgt allerhöchstens eine Sekunde. Liegt die Nachhallzeit des Raumes darüber, muss die Sprechgeschwindigkeit entsprechend angepasst, das heißt zum Teil deutlich verlangsamt werden. Bestimmte Modulationsarten funktionieren daher in Kirchenräumen (leider) nicht oder nur eingeschränkt – rappen zum Beispiel lässt sich in alten Kirchen nur sehr schlecht.

> Ich spreche zur Gemeinde, nicht zum Mikrofon

Ein Gefühl für den Raum und seine akustischen Besonderheiten stellt sich erst durch Erfahrung wirklich ein. Deshalb nochmal: ausprobieren und üben! Gehen Sie unter der Woche in die Kirche und lesen Sie Ihre Texte – mal mit, mal ohne Mikrofon. Vielleicht finden Sie jemanden, der Sie begleitet und von verschiedenen Sitzplätzen im Gottesdienstraum Feedback gibt.

Durch einige Übungen, die Sie zum Beispiel gemeinsam mit dem Lektorenkreis durchführen, können Sie den Raum besser kennenlernen und sich auf seine besondere Akustik einstellen.[9]

AB IN DIE ECKE
Stellen Sie sich in eine Ecke des Raums und wenden Sie sich der Stelle zu, wo die Wände aufeinandertreffen. Machen Sie dort einige Ihrer üblichen Stimmübungen zur Indifferenzlage – summen Sie, zählen Sie monoton bis 50. So stellt sich Ihr Körper langsam auf die akustischen Gegebenheiten im Raum ein. Achten Sie auf das, was Sie hören.

DAS HAUSTIER RUFEN
Stellen Sie sich vor, Sie haben ein Haustier, das sich in der Kirche aus dem Staub gemacht hat. Zum Beispiel einen Hund und einen Raben. Oder einen Papagei. Gern mit einem klangvollen Namen wie »Abraxas«. Rufen Sie nach Ihrem Haustier, richten Sie Ihre Stimme dabei in verschiedene Ecken des Raumes und hören Sie auf den Klang in der Kirche. Wiederholen Sie die

Übung, legen Sie dabei die Hände mit den Handkanten an den Schläfen und nach hinten gerichteten offenen Handflächen an, als ob Sie Elefantenohren hätten. So hören Sie Ihre Stimme im Raum besser, weil der körpereigene Klang der Stimme übertönt wird.

TEXTEN SIE DEN RAUM ZU
Stellen Sie sich dorthin, wo Sie normalerweise stehen, wenn Sie die Lesung halten. Mikrofone sollten dabei ausgeschaltet sein. Nehmen Sie einen Lesungstext Ihrer Wahl mit. Legen Sie die Hände wie in der vorigen Übung seitlich vor die Ohren. Lesen Sie Ihren Text ein paar Mal laut vor. Achten Sie dabei nicht auf Inhalt oder auf Betonung, sondern darauf, dass Sie ohne Anstrengung sprechen. Stellen Sie sich eine schwerhörige Dame in der letzten Reihe vor – sie versuchen Sie zu erreichen.

Ein Vorteil der langen Nachhallzeiten liegt darin, dass theoretisch (und meist auch praktisch) ein Sprechen ohne Mikrofon möglich wäre – immerhin haben bis ins 20. Jahrhundert hinein Menschen ohne Kirchenbeschallungsanlagen Gottesdienste gefeiert und zumindest akustisch verständliche Predigten gehalten.

KOMPETENZEN NUTZEN
Die Pfarrerin, die Küsterin, der Kirchenmusiker – sie alle haben viel Erfahrung mit den akustischen, baulichen und technischen Gegebenheiten »ihrer« Kirche. Sprechen Sie mit ihnen darüber.

INHALTLICHE VERSTÄNDLICHKEIT – AKZENTE SETZEN

> O Glück des Mannes, der [...]
> Lust hat an SEINER Weisung,
> über seiner Weisung murmelt
> tags und nachts!
> Psalm 1 (Übertragung: M. Buber/Fr. Rosenzweig)

Stellen Sie sich vor, Sie haben den Text für den nächsten Sonntag (natürlich möglichst frühzeitig) bekommen und damit die Möglichkeit, sich auf die Lesung vorzubereiten. In den folgenden zwei Kapiteln bekommen Sie Methoden vorgestellt, wie Sie sich dem Text auf verschiedenen Ebenen nähern und wie Sie die Wirkungen, die der Text auf Sie hat, festhalten und bei der Lesung sprachlich gestalten können. Am Anfang steht natürlich das sorgfältige und mehrfache Lesen, idealerweise laut.

◆ Ein Lob aufs laute Lesen

Für die Lesung stehen Ihnen eine Reihe von Gestaltungsmitteln zur Verfügung, die gezielt eingesetzt werden können (dazu später mehr), aber auch voraussetzen, dass Sie sich mit dem Text auseinandergesetzt haben. Der erste Schritt ist das mehrfache laute Lesen. Lautes Lesen deshalb, weil erst beim Vorlesen bestimmte Tücken im Satzbau oder Unklarheiten in der Aussprache biblischer Eigennamen deutlich werden. Lautes Lesen auch deshalb, weil Sie sich auf diese Art den Text besser einprägen.

Das wiederum hat mit verschiedenen Lernwegen zu tun: Man kann sich Inhalte durch Ansehen/Lesen merken – das ist das sog. *optische* oder *visuelle* Lernen. Das ist schon ein wichtiger Schritt, aber es gibt noch mehr Lernmöglichkeiten, die nicht selten effektiver sind: Manche Menschen sind *auditive* Lerntypen, sie prägen sich Inhalte durch das Hören ein. Eine andere Herangehensweise ist das *motorische* oder *haptische* Lernen. Das ist natürlich besonders wichtig, wenn Bewegungsabläufe erlernt werden sollen, aber auch kognitive (verstandesmäßige) Inhalte prägen sich oft besser ein, wenn sie mit Bewegungen verbunden sind, was wiederum etwas mit der Verbindung von linker und rechter Gehirnhälfte zu tun hat.

> Lautes Lesen verbindet verschiedene Lernwege

Beim bloßen »stillen« Lesen nutzen Sie nur Ihre optischen Lernmöglichkeiten, beim lauten Lesen jedoch noch mehr: Sie sehen den Text nicht nur, Sie müssen ihn auch motorisch in gesprochene Sprache umsetzen – und hören ihn gleichzeitig. Deswegen sollte man nach Möglichkeit laut lesen, wenn man sich etwas einprägen oder sich mit etwas bekannt machen will. Das gilt für Fremdsprachen, aber eben auch für den Text für die Lesung im Gottesdienst.

Neben solchen pragmatischen Überlegungen spricht etwas anderes für das laute Lesen: Dietrich Sagert, Rhetorikdozent am *Zentrum für evangelische Predigtkultur in Wittenberg*, erinnert daran, dass das laute Lesen eine uralte spirituelle Praxis ist: Begegnungen und Erfahrungen, leibhaftig erlebt, von Herzen geglaubt und von Glaubenden zu Glaubenden, von Gemeinde zu Gemeinde mündlich weitererzählt oder besungen, sind schriftlich fixiert worden. Im Vorlesen öffnet sich »ein Zwischenraum zwischen Schriftlichkeit und Mündlichkeit«[10], das Geschriebene wird wieder gesprochenes Wort.

◆ Verständnisfragen

Wenn Sie »Ihren« Text haben, lesen Sie sich ihn mehrfach laut durch. Vielleicht merken Sie dann schon, dass Sie über bestimmte Partien stolpern, manche Verse ein zweites Mal lesen müssen, um einen Sinnzusammenhang zu verstehen. Dann wissen Sie auch direkt, wo Ihre Zuhörerinnen und Zuhörer Ihre Hilfe beim Verstehen benötigen – denn die haben ja nicht die Möglichkeit, den Text noch einmal durchzulesen, sondern sind ganz auf ihr Gehör angewiesen.

Wenn Sie sich über den Sinn eines Abschnitts oder einer Phrase im Unklaren sind, sehen Sie in einer anderen Übersetzung nach, vielleicht wird dadurch klarer, was gemeint ist. Wenn Sie selbst eine andere Übersetzung zu Rate ziehen oder ein Wort nachschlagen müssen, können Sie sicher sein, dass auch ein Großteil der Gemeinde an genau derselben Stelle Verständnisschwierigkeiten hat. Vielleicht ist es notwendig, durch Umstellungen behutsam in den Text einzugreifen (natürlich nicht so, dass sein Sinn entstellt wird) – oder gleich eine andere Übersetzung zu wählen. Auf jeden Fall werden Sie auf diese Stelle besondere Sorgfalt verwenden.

◆ Skriptanalyse

Nun geht es darum, in den Text, seinen Aufbau und Inhalt einzutauchen. Thomas Kabel, ein Schauspieler und Regisseur, von dem ganze Generationen von Pfarrerinnen und Pfarrern ihr liturgisches Handwerk gelernt haben, spricht in diesem Zusammenhang von *Skriptanalyse*[11]. Hans Eckardt, eine der führenden Persönlichkeiten beim Revival der Hörbücher in den letzten Jahren, spricht vom Kennenlernen der *Wortpartitur*[12]. Gemeint sind in jedem Fall all jene Arbeitsschritte, die Ihnen dabei helfen, den Text möglichst vielschichtig zu erfassen. Dazu gehören das Figurenspektrum einer erzählten Szene, die Örtlichkeiten, der zugrunde liegende Konflikt und alles mögliche andere. Sie müssen den Text so gut wie möglich kennen, um Ihre sprecherischen Ausdrucksmittel sinnvoll einzusetzen.

Bei der Skriptanalyse können Sie sich all der Methoden bedienen, die Sie bereits aus dem Schulunterricht kennen. Dazu gehört zunächst die Klärung, um was für eine Textsorte es sich handelt: Liegt Ihnen ein erzählender Text vor oder eher ein argumentierender? Gliedern Sie den Text dann in Sinnabschnitte, denen Sie jeweils eine aussagekräftige Überschrift geben. Bei einer szenischen Beschreibung können Ihnen etwa Orts-, Figuren- oder Themenwechsel einen Hinweis auf die Gliederung geben. Bei einem argumentierenden Text, also oft bei prophetischen Texten oder Epistelabschnitten, ist es sinnvoll, dem logischen Aufbau besondere Beachtung zu schenken.

> Verständlich lesen kann nur, wer den Text verstanden hat

▪◆ Den Inhalt aneignen

Wenn Sie den Text inhaltlich erfasst haben, versuchen Sie, seinen Inhalt in eigenen Worten zusammenzufassen. Auch hier am besten laut – erzählen Sie den Lesungstext Ihrem Spiegelbild, Ihrem Partner oder Ihrer Partnerin oder dem Menschen im Auto vor Ihnen. Dadurch kommen Sie dem Text näher, Sie machen sich ihn zu eigen und bekommen einen Eindruck vom Gesamten – das ist umso wichtiger, als dass es später um die Gestaltung der Einzelteile in Verbindung zum Textganzen geht. Vielleicht merken Sie, dass bei dem Versuch, den Inhalt eines biblischen Textes in eigenen Worten zusammenzufassen, mehr als nur der erste Schritt in Richtung Predigt getan ist – kein Wunder also, dass das Lektorenamt in der Alten Kirche hoch angesehen war.

Wahrscheinlich werden Sie feststellen, dass Ihnen ein bestimmter Aspekt, ein Figurenkonflikt, ein Spitzensatz besonders wichtig wird. Mit dieser bewussten oder unbewussten Schwerpunktsetzung ist ein wichtiger Schritt getan, weil Sie ein Kriterium für die sprecherische Ausgestaltung des Textes haben. Das ist kein rein verstandesmäßiger Vorgang – die emotional-atmosphärische Textaneignung, für die Ihnen im nächsten Kapitel Methoden vorgestellt werden, findet natürlich schon bei der Erstbegegnung mit einem Textabschnitt statt. Hier ist ein Notizzettel hilfreich. Halten Sie zunächst alles fest, was Ihnen, warum auch immer, auffällt oder in den Sinn kommt. Ob das im Einzelnen hilfreich ist oder nicht, können Sie später noch entscheiden.

Mit einer kleinen Übung können Sie gleich den nächsten Arbeitsschritt vorbereiten, in dem es um die Betonung geht.

SCHLAGZEILEN
Versuchen Sie, den Text in eine aussagekräftige Schlagzeile zu fassen. Einen kurzen Satz, mehr nicht. Verwenden Sie dabei nach Möglichkeit Formulierungen aus dem Text. Dann haben Sie mit einiger Wahrscheinlichkeit schon die Wörter festgehalten, die Sie beim Vorlesen besonders betonen wollen.

Betonung

»Betonung« bedeutet, dass einzelne Wort- oder Satzbestandteile mit größerem Nachdruck gesprochen werden: Die Stimm-Melodie geht nach oben, bei besonders nachdrücklicher Betonung spricht man etwas lauter als sonst. Eine richtige, also sinngemäße Betonung hilft den Hörenden, das Gehörte gedanklich zu strukturieren und zu verstehen. Sie gibt einen Hinweis darauf, was wichtig oder neu ist. Falsche Betonungen klingen bestenfalls komisch, schlimmstenfalls sorgen sie für Verständnisprobleme. Und gar keine Betonung führt zu einer monotonen Sprechweise, bei der Ihre Zuhörerinnen und Zuhörer den Inhalt des Gelesenen nicht mehr nachvollziehen können und den ganzen Text nur als eine Art heiliges Rauschen wahrnehmen. Damit stellt sich die Frage, an welchen Stellen sinngemäße Akzente zu setzen sind. Bei der *Wortbetonung* ist das eindeutiger als bei der *Satzbetonung*.

Wortbetonung

Die Wortbetonung (oder der *Wortakzent*) bezieht sich auf die betonte Silbe innerhalb eines Wortes. Im Deutschen ist das durch den Sprachgebrauch in der Regel eindeutig festgelegt, von einigen wenigen regionalen oder sozialen Unterschieden abgesehen. In manchen Fällen entscheidet die Betonung über die Bedeutung eines Wortes (*Ge*bet oder Ge*bet!*). Unklar ist die Wortbetonung manchmal bei Fremdwörtern und vor allem bei Eigennamen aus fremden Sprachen. Davon gibt es in der Bibel eine ganze Menge, und vielleicht ist nicht auf Anhieb klar, wie man Namen wie *Kapernaum*, *Leumiter* oder *Kuschan-Rischatajim* richtig ausspricht. Abhilfe schafft hier zum Beispiel das altehrwürdige *Ökumenische Verzeichnis biblischer Eigennamen nach den Loccumer Richtlinien*[13], das es mittlerweile auch zumindest auszugsweise im Internet gibt.

Im kirchlichen Sprachgebrauch werden manche Wörter anders betont als in der Alltagssprache, man hört öfter mal etwas vom *Auf*erstandenen oder der *Auf*erstehung statt vom Auf*erstandenen* oder der Auf*erstehung*. Das sollte man nur tun, wenn man es außerhalb des Gottesdienstes auch so sagen würde. Sonst klingt es, gerade für Ungeübte, seltsam. Außerdem widerspricht es der wichtigsten Betonungsregel.

Maßstab Alltagssprache

Die wichtigste Regel für sinngemäßes, das heißt für das Verständnis des Gehörten hilfreiches Betonen, lautet: Beim Vorlesen orientiert man sich an der im Alltag gesprochenen Sprache. Das klingt nach

Binsenweisheit, hat aber kirchengeschichtliches Gewicht: Schon Martin Luther empfahl, man solle »dem Volk aufs Maul schauen« –, was nicht heißt, man solle dem Volk nach dem Mund reden, aber das ist ein anderes Problem. Das hat auch praktische Bedeutung: Erfahrungsgemäß neigen nämlich viele Menschen, sogar »Leseprofis« dazu, beim Vortrag eines Textes unnatürlich zu sprechen und bestimmte Betonungs- und Sprechweisen nachzuahmen, die sie mit »professionellem« Sprechen verbinden. Gerade bei Bibeltexten hört man oft eine Tendenz zur Überbetonung, also einer unnatürlichen Häufung von viel zu vielen Akzenten (oft dann auch viel ... zu ... vielen ... Pausen ...) in einem Satz. Das führt zu jenem geschwollenen Kanzelton, den viele Menschen mit der Kirche verbinden und der oft karikiert worden ist. Dahinter verbergen sich manchmal theologische Überlegungen, derer man sich wenigstens bewusst sein sollte: Vielleicht finden Sie in dem Text ganz viele Wörter und Aspekte, die Ihnen besonders wichtig sind. Das ist schön für Sie, aber es bringt Ihre Zuhörenden um diese Erfahrung, weil sie durch eine dauernde Überbetonung keine Chance haben, mit in den Lesefluss einzutauchen.

> Maßstab für die Betonung ist die Alltagssprache

Eine Art des Vorlesens aus der Bibel, die sich deutlich von anderen Vorlesearten unterscheidet, kann sicherlich auch ein bewusster Versuch sein, die besondere Würde und Bedeutung der Heiligen Schrift deutlich zu machen. Aber auch hier wäre zu fragen, ob man dadurch nicht eine unnötige Distanz schafft, die Bibel gewissermaßen hinter rituellen Sperrriegeln versteckt und den Hörenden nahelegt: Mit der Bibel kann man nur etwas anfangen, wenn man sich verstellt, sich eine andere Art der Sprache und damit des Denkens zulegt. Aber Martin Luthers Motivation, die Bibel ins Deutsche zu übersetzen, war ja gerade, ihre Schätze dem ganzen Volk zugänglich zu machen und sie nicht als Geheimwissen der Kirche verstauben zu lassen. Daher: Vermeiden Sie Überbetonungen, das zerstört den Sinn und lenkt vom Inhalt des Gelesenen ab. Man braucht ein wenig Übung, um die eigene Natürlichkeit beim Vorlesen wiederzugewinnen.

> Lernen Sie einen Satz aus einem biblischen Text auswendig. Sprechen Sie ihn mehrfach laut. Stellen Sie sich dann verschiedene Situationen vor, in der Sie diesen Satz sagen: Im Gespräch am Kneipentisch oder am Gartenzaun. Sprechen Sie ihn dann ein paar Mal. So holen Sie den Satz langsam aus dem Schriftlichen zurück ins Mündliche.

Satzbetonung

Wenn man Betonungen sinngemäß und sparsam einsetzen will, stellt sich natürlich die Frage, was denn nun überhaupt betont werden soll. Erinnern Sie sich an die wichtige Grundregel: Die Betonung orientiert sich an gesprochener Sprache. Im alltäglichen Gespräch betonen wir automatisch Wörter, die neu sind und/oder entscheidende Informationen transportieren. Eine Betonung lässt die Hörerin aufmerken, sie signalisiert: Achtung, das hier ist wichtig! Sie kann auch darüber entscheiden, wie ein bestimmter Satz vom Gegenüber zu verstehen ist. Im Alltag teilen wir das unseren Gesprächspartnerinnen mit, ohne groß darüber nachzudenken.[14] Das kann man sich an einem einfachen Beispiel klarmachen. Den Satz »Martin kommt nach Hause« kann man auf verschiedene Arten betonen. Sagen Sie: »*Martin* kommt nach Hause«, dann geben Sie eine Antwort auf die (unausgesprochene) Frage, *wer* nach Hause kommt. Wenn man betont: »Martin *kommt* nach Hause«, dann scheint genau das in Frage gestellt zu sein. Eine Betonung des letzten Wortes (»Martin kommt nach *Hause*«) beantwortet die Frage, *wohin* Martin eigentlich kommt. Es gibt also schon bei einem sehr simplen Satz mehrere Möglichkeiten, allerdings sind diese vom Kontext her meistens schon deutlich eingeschränkt.

DIE RICHTIGEN FRAGEN STELLEN

Wenn Sie sich unsicher sind, welches Wort in einem Satz zu betonen ist, überlegen Sie sich, auf welche Frage der Satz antwortet. Behalten Sie bei einer endgültigen Entscheidung den Kontext des Satzes im Blick.

Weil wir im Alltagsgespräch meistens pro Satz eine wichtige Information geben, lautet die einfache Regel: Jeder Satz hat einen *Hauptakzent*, das heißt ein Wort oder eine Silbe, die stärker als alle anderen betont wird (Hans Eckardt spricht von *Sinnschritten* mit je einem *Sinnwort*, andere von einem *Satzkern*). Übrigens meint ein »Satz« in diesem Zusammenhang nicht automatisch das Wortgebilde, das mit einem Großbuchstaben beginnt und mit einem Punkt (oder einem Ausrufe- oder Fragezeichen) endet. Das können im Deutschen sehr lange Wortketten sein, aber es gilt wieder die Orientierung an der mündlichen Kommunikation: Beim Hören können wir nur eine bestimmte Anzahl von Wörtern hintereinander verarbeiten und als eine sinnvolle Einheit wahrnehmen. Die Grenze liegt verschiedenen Studien zufolge bei allerhöchstens zwölf Wörtern. Ist ein Satz im Manuskript länger, müssen Sie ihn durch Pausen oder Markierungen im Sprechrhythmus in kleinere Einheiten aufteilen. Wie Sie das machen, das erfahren Sie auch noch im Laufe dieses Kapitels.

Wo wir schon beim Manuskript sind, noch ein Wort zu *Satzzeichen*: Diese sind dazu da, einen geschriebenen Text optisch zu strukturieren und dadurch leichter verständlich zu machen. Sie sind aber keine Vortragszeichen. Vielleicht haben Sie in der Schule noch gelernt, dass man bei einem Komma mit der Stimme oben bleibt und bei einem Punkt mit der Stimme runtergeht. Vielleicht auch, dass jedes Satzzeichen eine Pause signalisiert. Das kann manchmal stimmen, ist aber keine eiserne Regel. Sie müssen

> Jeder Satz hat einen Hauptakzent

> Satzzeichen sind keine Vortragszeichen

im Einzelfall entscheiden, ob (und wie) Sie ein Satzzeichen »mitlesen« oder ob Sie es ignorieren.

Bis hierher dürfte das alles recht einfach und nachvollziehbar geklungen haben. Zwei Dinge machen das Thema Betonung ein bisschen komplizierter. Zum einen hat ein Satz natürlich nicht nur einen Hauptakzent, während der Rest einfach monoton geflüstert wird. Es gibt auch weniger starke Betonungen, die sogenannten *Nebenakzente*. Dadurch wird Sprache lebendig, die Regeln sind aber nicht ganz so eindeutig. Manche Menschen setzen aufgrund ihres Temperaments, ihres Dialekts oder ihrer Stimmung mehr Akzente als andere. Wichtig ist erstmal, sich zu merken: Sie können in verschiedenen Abstufungen betonen. Die Wortbetonung ordnet sich der Satzbetonung unter, die Satzbetonung dem Duktus des Gesamttextes. Ist eigentlich klar: Ein Organist, der schon im Choralvorspiel alle Register zieht, kann im Verlauf des Liedes eigentlich nur noch leiser werden. Deswegen hebt man sich die deutlichste Betonung für den Satz auf, den man für den entscheidenden hält. Und das bringt uns zu dem zweiten Punkt, der das Thema »Betonung« so wichtig und manchmal auch ein bisschen anstrengend macht. Aber auch sehr interessant.

> Vermeiden Sie Überbetonungen

▪◆ Betonung ist Interpretation

Beim Lesevortrag ist es an Ihnen, zu entscheiden: Welches Wort ist in diesem oder jenem Satz das wichtigste? Weil es dabei nicht nur um persönlichen Geschmack und zufällige Einzelfallentscheidungen geht, sondern vor allem um das Verständnis des gesamten Textes, setzt das natürlich voraus, dass Sie sich ausführlich mit dem Text beschäftigt haben. Das bedeutet auch, dass Sie auswählen müssen, und zwar nicht nur das, was betont wird, sondern auch das, was nicht betont

> Wer betont, trifft Entscheidungen

wird. Manchen fällt das schwer, vor allem dann, wenn es theologisch gewichtige Wörter wie *Gott*, *Jesus*, *Sünde* oder *Himmelreich* betrifft. Andere möchten den Text nicht durch ihre Interpretation abfälschen oder haben Angst, sich selbst damit in den Vordergrund zu spielen. Oft entspringen diese Skrupel einer großen Wertschätzung der Bibel. Aber erinnern Sie sich noch einmal an den theologischen Ausflug am Ende des ersten Kapitels: Wir haben Gottes Wort nur in Gestalt von Menschenwort. Von Anfang an hat zur Überlieferung immer schon die Interpretation gehört. Und so, wie wir keinen Bibeltext lesen, ohne gleich unsere Vorerfahrungen, Annahmen und Deutungen mit hineinzulesen, lässt sich ein Bibeltext auch nicht bewertungsfrei vorlesen. Wenn Sie einen Text ohne Betonungen lesen, erzeugen Sie damit kein klinisch reines Klangbild, sondern einen schier unverständlichen Wortsalat, bei dem die Zuhörenden spätestens nach dem zweiten Satz aussteigen. Wenn Sie das einmal ausprobieren, werden Sie feststellen, dass Sie sich regelrecht dazu zwingen müssen, eine so unnatürliche und langweilige Vortragsart beizubehalten. Also: Indem Sie einen Text deuten und entsprechend Ihrer Deutung vorlesen, dienen Sie seinem besseren Verständnis – selbst dann, wenn Ihre Zuhörenden anderer Meinung sind als Sie.

> Betont wird, was neu und wichtig ist

Ein eindrückliches Beispiel, wie sich mit der Betonung spielen lässt: Als zu Weihnachten 2004 der Tsunami Küstengebiete in Südostasien verwüstete, war Schweden das europäische Land, das zahlenmäßig am stärksten betroffen war, weil die Region unter schwedischen Touristen beliebt ist. Im Januar 2005 fand im Dom von Lund ein Trauer- und Gedenkgottesdienst für die Opfer statt. Im Zentrum der Predigt der damaligen Bischöfin Christina Odenberg stand der Eingangsvers von Psalm 23 (»Der Herr ist mein Hirte«). Odenberg betonte jeweils ein anderes Wort dieses Verses und deutete die damit einhergehenden Sinnverschiebungen auf sehr eindrückliche und tröstliche Weise.

TROST DURCHBUCHSTABIEREN
Versuchen Sie es selbst einmal: Der Herr ist mein Hirte. Betonen Sie jeweils ein anderes Wort: Der *Herr* ist mein Hirte. Der Herr *ist* mein Hirte. Der Herr ist *mein* Hirte. Der Herr ist mein *Hirte*.
Was verändert sich für Sie mit jeder neuen Betonung?
Welche Variante ist für Sie stimmig, spricht Sie jetzt im Moment am meisten an?
Falls Sie einmal eine Andacht halten dürfen – voilà, hier wäre eine Idee.

Wer hört mir zu?

Wenn Sie den theologischen Ausflug zum »Wort Gottes« mitgegangen sind, dann haben Sie vielleicht behalten, dass das Wort seine Wirksamkeit in einem bestimmten Kontext immer wieder neu entfaltet. Damit ist für die Lesung auch von Bedeutung, wer Ihnen zuhört, und zwar nicht nur im Blick auf die akustische Verständlichkeit. Wenn Sie dieser Gedanke stört, machen Sie sich bewusst, dass solche Entscheidungen schon mit der Wahl der Bibelübersetzung getroffen werden: Im Kindergottesdienst wird man eher zu einer modernen, kommunikativen Bibelübersetzung greifen, ebenso bei Jugendgottesdiensten. In manchen, atmosphärisch besonders aufgeladenen Gottesdiensten, in denen eine besondere Betonung des traditionellen Elements gewünscht ist, etwa in den späten Gottesdiensten am Heiligabend oder an Karfreitag, wird man eher die Lutherbibel verwenden.

> Der Kontext entscheidet

Auch für die Gestaltung der Lesung ist es sinnvoll, sich über die (mutmaßliche) Zuhörerinnenschaft Gedanken zu machen. Kinder zum Beispiel sind oft eher an der Ausgestaltung der handelnden Figuren interessiert, Erwachsene stärker an Beziehungsaspekten.[15]

Ein ausführliches Beispiel: Gen 1,26–2,4a

Nun wird es sinnvollerweise konkret. Nehmen wir einen Satz aus dem ersten Schöpfungsbericht (Gen 1,1–2,4a). Planmäßig ist der dran am Sonntag *Jubilate*, dem 3. Sonntag nach Ostern, er wird aber auch gern zu Themengottesdiensten gelesen, in denen es um die Schöpfung im Allgemeinen und um den Menschen im Besonderen geht. Und wir tun jetzt der Übung halber einfach mal so, als hätten Sie nicht schon den ganzen Text gelesen. In Vers 26 heißt es:

Und Gott sprach:

Sie haben verschiedene Möglichkeiten der Betonung, von denen manche mehr Sinn ergeben als andere. *Und Gott sprach,* wäre eine Variante. Allerdings: In der mündlichen Alltagssprache signalisiert ein betontes »und« am Satzanfang meist eine inflationäre Häufung. Das ergibt aber inhaltlich an der Stelle keinen Sinn, denn der Inhalt des Gesprochenen ist jeweils etwas buchstäblich vollkommen Neues. Ein betontes »und« am Satzanfang kann auch markieren: Jetzt geht es richtig los! Auch das passt inhaltlich nicht wirklich. Eine andere Möglichkeit wäre: *Und Gott sprach.* Klingt erst einmal nachvollziehbar, denn wenn Gott redet, ist das schon ein bedeutsames und, gerade in der Schöpfungsgeschichte, ein die ganze Welt nachhaltig veränderndes Geschehen. Allerdings: Gott spricht ja schon die ganze Zeit.

Bleibt noch die letzte und sinnvollste Möglichkeit, die ausnahmsweise auch schon vom Satzzeichen vorgegeben ist – ein Doppelpunkt signalisiert, dass es weitergeht. Das lässt sich stimmlich umsetzen: *Und Gott sprach.* Durch das Heben der Stimme am Ende eines Satzes oder Satzteils lenken Sie die Aufmerksamkeit Ihrer Zuhörerinnen und Zuhörer auf das, was nachfolgt. Sie wissen damit auch schon, wie es im Groben stimmlich weitergehen muss: Wenn die Stimme einmal hochgegangen ist, muss sie irgendwann wieder runtergehen – sonst wirkt das Gesagte offen und unabgeschlossen, wie eine Frage. Das können Sie sich auch als Grundregel für die Satzbetonung merken. Aber weiter im Text.

Und Gott sprach: Lasset uns Menschen machen

Die gesprochene Sprache gibt einen Anhaltspunkt, wie es stimmlich nach dem Doppelpunkt weitergeht: Hier wird »lassen« nämlich nur dann betont, wenn es im Sinne von »loslassen« oder »in Ruhe lassen« benutzt wird (»<u>Lass</u> das!«). Eine Betonung würde nur dann Sinn ergeben, wenn Sie mehrere starke Akzente setzen und dem ganzen Satz damit ganz besonderen Nachdruck verleihen, der vielleicht Gottes Enthusiasmus bei der Schöpfung des Menschen ausdrücken soll: *Lasset! uns! Menschen! machen!* Aber Vorsicht vor Überbetonungen. Wenn Sie so weiterlesen, geht Ihnen bald die Puste aus, und Ihre Hörerinnen sind heillos überfordert. Sinnvoller und den Lesefluss unterstützender und damit der Verständlichkeit dienlicher wäre folgende Variante: *Lasset uns <u>Menschen</u> machen.* Auf dem »machen« können Sie dann wieder mit der Stimme nach unten gehen. Ein betontes »uns« würde nur Sinn ergeben, wenn im Folgenden, etwa während einer Predigt, diese theologisch höchst interessante Stelle, an der Gott offensichtlich mit sich selbst spricht, ausgelegt würde – beim bloßen Hören bringt es raus. Wenn Sie das »machen« betonen, enden Sie zweimal hintereinander einen Satz mit einer Betonung, das verwirrt beim Hören und lässt fragen: Was ist das Besondere an diesem »machen«? Da der erste Halbsatz gewissermaßen die Ouvertüre für das Nachfolgende ist, bekommt

> Wenn die Stimme einmal hochgegangen ist, sollte sie irgendwann auch wieder runter

»Menschen« den Hauptakzent. Lassen Sie sich an dieser Stelle nicht verunsichern, wir betonen unterschiedlich stark. Die Orientierung an gesprochener Sprache meint auch: Orientieren Sie sich an Ihrer eigenen alltäglichen Sprechweise.

Professionelle Sprecherinnen und Sprecher markieren sich solche Betonungen im Text – einfach, weil es zu viele sind, um sie sich im Gedächtnis zu behalten. Man kann das so machen, wie es bisher hier im Fließtext gehalten wurde, mit einer Unterstreichung. Die Hauptbetonung können Sie durch doppelte Unterstreichung oder einen Kreis kenntlich machen.

> Und Gott sprach: Lasset uns Menschen machen

Die Dynamik lässt sich aber mit anderen gebräuchlichen Zeichen besser darstellen, entweder mit zusätzlichen Pfeilen oder mit Linien, die die Satzmelodie nachzeichnen:

> Und Gott ↑ sprach: Lasset uns ↓ Menschen machen.

> Und Gott sprach: Lasset uns (Menschen) machen.

Wie Sie Betonungen markieren, ist Ihre Sache. Im Laufe der nächsten Abschnitte werden Ihnen noch einige andere gebräuchliche Vortragszeichen vorgestellt, entscheidend ist, was für Sie hilfreich und im Moment des Vorlesens sprachlich unkompliziert umzusetzen ist.

Wenn Sie einen Ausdruck für Ihren Lesungstext verwenden, können Sie durch doppelten Zeilenabstand genug Platz für solche Anmerkungen schaffen. Wenn Sie Ihre Bibel benutzen, werden die Zeichen aufgrund des Druckbildes wahrscheinlich etwas diskreter ausfallen. Davor scheuen, in die Bibel hineinzuschreiben, sollte man sich nicht – sie ist ja kein heiliges Buch, sondern idealerweise ein Gebrauchsgegenstand, der entsprechende Spuren bekommt.

Weiter geht es im Text, und der hat es in sich. Wer in der Bibel nachgeschaut hat, hat schon entdeckt, dass der Satz an sich noch gar nicht zu Ende ist. Das bedeutet vor allem, dass Sie mit der Satzmelodie nicht komplett absacken, sondern am Ende des Sinnabschnittes leicht in der Schwebe bleiben, um zu signalisieren, dass es weitergeht. Im Folgenden werden die Menschen genauer beschrieben:

> ... ein Bild, das uns gleich sei

Wieder so ein halber Satz, der unglaublich spannende theologische Fragen weckt! Trotzdem gilt auch hier: Entscheiden Sie sich für ein Wort. Sinnvoll wäre »gleich«, denn damit wird das »Bild« inhaltlich bestimmt – zumindest im Deutschen, im Hebräischen steht hier ein Wort (*zäläm*), das sowieso eine originalgetreue, plastische Nachbildung meint. Weil sich der Relativsatz (»das uns gleich sei«) so unmittelbar auf das »Bild« bezieht, ist er direkt anzuschließen und auf derselben Tonhöhe zu sprechen – mehr zu eingeschobenen Nebensätzen später. Mit Nebensätzen (und zwar einer ganzen Reihe) geht es auch weiter:

> ... die da herrschen über die Fische im Meer
> und über die Vögel unter dem Himmel
> und über das Vieh und über alle Tiere des Feldes
> und über alles Gewürm, das auf Erden kriecht.

Dieser Satzteil birgt einige Schwierigkeiten: Da ist eine Aufzählung (das heißt in der Regel: alle Teile sind gleich wichtig und werden ähnlich stark betont), die allerdings aus mehrgliedrigen Ketten besteht (leichter Akzent hinten). Und er ist sehr lang. Sie werden kaum in einem Atemzug durchkommen, müssen also eine kurze Atempause machen, ohne den Lesefluss zu stören.

Bei solchen Satzungetümen, von denen es in der Lutherbibel nur so wimmelt, hilft es, sich erst einmal klarzumachen, was der Satzkern ist. In diesem Fall ergibt nur »herrschen« einen Sinn – alles andere würde eine Hierarchie zwischen den Aufzählungsteilen herstellen. Damit ist klar: Die Hauptbetonung steht am Anfang des Satzes, danach geht es mit der Stimme stetig nach unten – aber langsam genug, um sie nicht in unbeherrschbaren Tiefen enden zu lassen. Das bedeutet auch, dass Sie nicht mit jedem Aufzählungsteil neu in der Mittellage einsetzen, auch nach der Pause nicht.

Ein möglicher Ort für die Pause wäre vor »und alles Gewürm«. Danach können Sie ein wenig langsamer werden, um das Ende dieser Sequenz anzuzeigen. Achten Sie trotzdem darauf, den Satzteil in einem Atemzug durchzulesen und nicht vor dem letzten Nebensatz noch eine Pause zu machen, nur weil dort ein Komma steht.

Pausen können Sie sich mit senkrechten Strichen im Text markieren, ein durchgezogener Strich (|) zeigt dabei eine Atempause mit vollständigem Absetzen der Stimme an, ein halber Strich oder ein Apostroph (') eine Notpause ohne inhaltliche Bedeutung. Wie gesagt, dazu später mehr.

Am nachfolgenden Satz lässt sich besonders gut darstellen, wie die Betonung den Sinn verändert. Wie als Zusammenfassung heißt es weiter:

Und Gott schuf den Menschen nach seinem Bilde,
zum Bilde Gottes schuf er ihn;
und schuf sie als Mann und Frau.

Vielleicht wollen Sie hier die Gottebenbildlichkeit des Menschen besonders hervorheben. Immerhin wird das gleich zweimal hintereinander gesagt. Nur: Wenn Sie zu diesem Zweck »seinem« besonders betonen, verändern Sie stillschweigend die Bedeutung. Dann wechselt nämlich das Bezugswort – Gott schuf den Menschen damit nicht mehr nach seinem eigenen Bild, sondern nach dem Bild des Menschen. Sinnvoller und der Alltagssprache entsprechender wäre es, entweder das »schuf« zu betonen (denn hier setzt die Handlung ein, von deren Planung vorher die Rede war) oder den ersten Teil des Satzes ohne besonderen Akzent zu lesen und der natürlichen Sprachmelodie zu folgen: Bei solchen Genitivverbindungen bekommt das zweite Wort automatisch einen stärkeren Akzent. Damit liegt eine Betonung auf »Bilde Gottes« nahe, und damit haben Sie den Satzkern eindeutig identifiziert. Das passt auch deswegen, weil der Satz zusammenfassenden Charakter hat. Den Nachsatz brauchen Sie nicht gesondert zu betonen, er klappt gewissermaßen nach. Außerdem übersetzt Luther an der Stelle nicht ganz richtig, wörtlich steht dort nämlich »männlich und weiblich«.

Sie werden nun keine Schwierigkeiten haben, nach ein wenig Überlegen auch den Rest dieser Perikope sinnvoll zu betonen. Ein kleiner Hinweis noch auf den Vers 31, weil man hier oft stolpert: Im Deutschen gibt es feste Verbindungen von Verben und Präpositionen (*durchsetzen, aufhören, mitgehen* usw.). In solchen Fällen wird die Präposition betont, auch dort, wo beide Wortbestandteile getrennt sind (»er setzte sich durch«). So etwas liegt auch in Vers 31 vor, das fällt nur nicht auf den ersten Blick auf, weil die Satzstellung von der Alltagssprache abweicht: Statt »Und Gott sah alles an, was er gemacht hatte …«, steht hier »Und Gott sah an alles, was er gemacht hatte …« – an der Betonung der Präposition ändert sich dadurch nichts. Um deutlich zu machen, dass es sich hier um das Verb »ansehen« handelt, können Sie vor »alles« die Stimme kaum merklich absetzen, das hilft Ihnen beim Lesen und den anderen beim Hören.

Nachdem wir den Text in seine Einzelteile zerlegt haben, gilt es nun, ihn wieder sinnvoll zusammenzusetzen. Das bedeutet vor allem, dass Sie die einzelnen Satzteile in Blick auf die Tonhöhe aufeinander abstimmen. Sie müssen auch entscheiden, welche Kernsätze Sie im Ganzen besonders betonen wollen. Vielleicht hilft Ihnen dabei die weiter oben vorgeschlagene Übung, den Text in einer Schlagzeile zusammenzufassen.

Nach den längeren Sätzen, mit denen wir uns auseinandergesetzt haben, ist es jetzt höchste Zeit, über zwei weitere Gestaltungselemente oder -aufgaben zu sprechen: Pausen und eingeschobene Nebensätze.

◆ Pausen und Atembögen

Pausen sind beim Sprechen unverzichtbar – irgendwann müssen Sie ja Luft holen. Sie sind aber weit mehr als ein notwendiges Übel, denn sie helfen Ihnen dabei, das Gelesene für die Zuhörenden und Zuhörer deutlich und nachvollziehbar zu strukturieren: Zusammengehörendes wird auf einen *Atembogen* gelesen, das heißt, ohne zwischendurch Luft zu holen. Bei der Erarbeitung eines Textes gilt es, darauf zu achten, wie viele Wörter Sie ohne Not auf einen Atembogen sprechen können, und die verschiedenen Satzeinheiten sinnvoll auf die Atembögen zu verteilen. Denken Sie dabei daran: Selbst wenn Sie über ein außergewöhnliches Lungenvolumen verfügen – mehr als zehn Wörter auf einmal können die meisten Menschen akustisch nicht mehr verarbeiten.

Um Luft zu holen, gibt es die sogenannten *Atempausen*, also solche, in denen Sie einmal Luft holen und damit das Vorlesen hörbar unterbrechen. Außerdem gibt es *Notpausen*, also Atempausen, die aus körperlichen, aber nicht aus inhaltlichen Gründen notwendig und deswegen diskreter sind. Zur inhaltlichen Gestaltung gehören die *Reflexionspausen*, die den Zuhörenden die Möglichkeit bieten, das Gehörte nachwirken zu lassen, zum Beispiel bei rhetorischen Fragen oder am (sinnvollen) Ende besonders kompakter Textabschnitte. Bei Reflexionspausen gehen Sie mit der Stimme runter, schließen also vorher einen Gedankengang ab. Das unterscheidet sie von den *Staupausen* (oder auch *Spannungspausen*), die rein rhetorischer Natur sind: Kürzere oder länge-

> Zusammengehörendes wird in einem Atemzug gelesen

re Unterbrechungen, bei denen Sie mit der Stimme oben bleiben. Die Spannung bleibt erhalten, Sie signalisieren den Zuhörenden: Achtung, jetzt kommt etwas Wichtiges!

Damit aus einer Atem- keine falsche Staupause wird (siehe unten) oder sie als Notpause den Satz zerreißt, versuchen wir, sie sinnvoll zu setzen. Nochmal: Was inhaltlich zusammengehört, wird auch zusammen, also auf einen Atembogen, gelesen – sofern möglich. Vorsicht auch hier wieder bei den Satzzeichen: Sie sind immer noch keine Sprechzeichen, sondern dienen der Strukturierung von Schriftsprache. Deswegen wird nicht bei jedem Komma eine Reflexionspause gemacht, wenn dies den Lesefluss behindern und das Verstehen stören würde. Zum Beispiel am Anfang der Weihnachtsgeschichte (Lk 2,1):

> Es begab sich aber zu der Zeit, dass ein Gebot von dem Kaiser Augustus ausging, dass alle Welt geschätzt würde.

Gar kein so einfaches Satzgefüge, mit zwei »dass«-Sätzen hintereinander. Oft hört man im Heiligabendgottesdienst, gerade weil der Anfang der Weihnachtsgeschichte so ein erinnerungsgeschwängerter Text ist, eine Häufung von Betonungen und Reflexions- und Staupausen. Etwa so:

> »Es BEGAB sich ABER zu der ZEIT [Pause] dass ein GEBOT von dem Kaiser AUGUSTUS ausging [Pause] dass ALLE Welt geschätzt würde.«

Hier hilft es, sich klarzumachen, was hinter dem Luthertext steht: »Aber« ist im Deutschen eine Konjunktion, die einen Gegensatz ausdrückt. Im Griechischen dagegen ist das unbetonte »aber« kaum mehr als ein Füllwort. Denken Sie es sich weg. Wörtlich übersetzt steht im griechischen Text: »Es geschah in jenen Tagen«, etwas freier könnte man einfach sagen »damals«. Kein Grund also, die Zeitangabe vom Rest des Satzes abzutrennen – die beiden ersten

Satzteile können Sie ohne Probleme in einem Atemzug lesen. Da der Satzkern (»geschätzt«, denn darum geht es ja) am Ende steht, werden Sie automatisch einen sinnvollen Akzent setzen, weil wir im Deutschen häufig das Satzende betonen. Als Regel können Sie sich außerdem merken: Je weiter weg wir uns in längeren Sätzen vom Satzkern befinden, desto weniger wahrscheinlich werden Pausen. »Keine Pause« heißt übrigens nicht, dass die Wörter nicht abgetrennt werden. Sie lesen auch weiterhin »zu der Zeit, dass«, nicht »zuderzeitdass«.

◆ Not- und Staupausen

Notpausen und Staupausen sollten zu den Ausnahmen gehören. Notpausen sind ein Anzeichen dafür, dass der geschriebene Satz für das Sprechen eigentlich zu lang ist, dass zu viele Wörter auf einen Atembogen gesprochen werden sollten.

> Not- und Staupausen sind Ausnahmen

Zu viele Staupausen lassen einen Vortrag, wie zu viele Betonungen, unfreiwillig komisch erscheinen. Sie verraten auch, dass der Vorleser oder die Vorleserin sich nicht für eindeutige Schwerpunkte hat entscheiden können – das erschwert das Zuhören und Verstehen des Vorgelesenen. Das ist auch der Fall, wo sie irreführend gesetzt werden. Ein fast klassisches Beispiel ist die Sterbeszene Jesu. In der Darstellung des Johannesevangeliums (19,30) heißt es:

> Als nun Jesus den Essig genommen hatte, sprach er:
> Es ist vollbracht!, und neigte das Haupt und verschied.

Oft ist im Gottesdienst an Karfreitag zu hören, dass vor den letzten Satzteil eine deutliche Staupause gesetzt wird, entweder vor »und« oder vor »verschied«, manchmal sogar an beiden Stellen. Das ist dramatisch gemeint, ergibt aber wenig Sinn – denn das Sterben

Jesu ist ja nach der gesamten vorangegangenen Erzählung leider nichts Überraschendes mehr. Die Motivation für diese ungünstige Pausensetzung ist oft theologischer Art: Aus Sicht der Dogmatik ist der Tod Jesu natürlich etwas unvergleichlich Bedeutsames. Trotzdem stirbt Jesus am Kreuz wie tausende Verurteilte vor und nach ihm. Widerstehen Sie dem Impuls, durch theologische Richtigkeiten die Dynamik der Erzählung zu zerstören. Aus dramaturgischer Sicht würde eine Staupause an dieser Stelle nämlich nur Sinn ergeben, wenn etwas vollkommen Unvorhergesehenes passieren würde, etwa:

> Die Dynamik der biblischen Erzählungen geht vor theologischen Richtigkeiten

> Als nun Jesus den Essig genommen hatte, sprach er: Es ist vollbracht!, und neigte das Haupt ↑ und ... | *kletterte wieder vom Kreuz herab!*

Da das aber nicht geschieht, würden Sie hier nur Spannung an einer falschen Stelle erzeugen und Ihre Zuhörenden damit verwirren.

Eine Möglichkeit für eine sinnvolle Staupause bietet sich an einer Stelle im ersten Korintherbrief (6,12), dort steht der berühmte Satz:

> Alles ist mir ↑ erlaubt ... | aber nicht alles dient zum Guten.

So erzeugen Sie Spannung und eröffnen Ihren Zuhörenden eine Dynamik, die einen Teil des Konflikts zwischen Paulus und der korinthischen Gemeinde ausmacht. Bei dieser einen Staupause sollte es bleiben; der nächste Vers ist zwar identisch strukturiert, aber der Effekt ist nach dem ersten Einsatz verpufft. Deswegen merken Sie sich als Grundregel: Pro Lesungstext eine Staupause. Eher noch weniger.

> Pro Lesungstext eine Spannungspause

◆ Einschübe und Nebensätze

Im Deutschen benutzen wir oft und gern Nebensätze, meist so genannte »Relativsätze«, also solche, die mit »der, die, das« eingeleitet werden und einen Satzteil näher bestimmen. Beim Lesen sind ineinander verschachtelte Sätze schwierig zu gestalten, weil sie in unserer gesprochenen Alltagssprache selten vorkommen. Vorsicht wieder einmal vor den Satzzeichen: Vielleicht haben Sie in der Schule die Faustregel gelernt, dass man vor einem Komma die Stimme hebt. Wenn Sie das konsequent durchziehen, werden Ihre Zuhörenden irgendwann wahnsinnig von der eintönigen Sprachmelodie und dem sinnzerstörenden Auf und Ab der Stimme. Bei Satzungetümen, die aus mehreren ineinander verschachtelten Satzgefügen bestehen und schon beim bloßen Lesen kompliziert erscheinen (und wie sie gehäuft in der Lutherübersetzung vorkommen), braucht die Gemeinde Ihre Hilfe beim Strukturieren des Gelesenen – denn sie hat ja nicht die Möglichkeit, den Satz noch einmal auf sich wirken zu lassen. Der erste Schritt zu einer solchen klaren Strukturierung ist, wie so oft vorher, die Entscheidung: Was ist das Wichtige? Was bringt die Geschichte oder die Argumentation voran? In der Regel ist das der Hauptsatz. Wie zum Beispiel in einer weiteren Perikope der Karwoche, der Verleugnung des Petrus (hier Joh 18):

> Welche Satzaussage bringt das Geschehen voran?

Petrus aber stand draußen vor der Tür. Da kam der andere Jünger, der dem Hohepriester bekannt war, heraus und redete mit der Türhüterin und führte Petrus hinein.

Das Entscheidende, das, was die Handlung vorantreibt, steht ganz am Ende: Der andere Jünger führt Petrus hinein. Die Einbettung des Relativsatzes verrät schon einiges, wie er nicht zu lesen ist: Der Hauptsatz geht ja danach noch weiter, die zum Verb gehörende Präposition (»hinein«) klappt nach. Wenn Sie bei jedem Komma eine Pause einlegen, zerreißen Sie akustisch das Satzgefüge und machen den Text schwer verständlich. Die Regel bei Relativsätzen ist, sie deutlich an das Wort, auf das sie sich beziehen, anzubinden, das heißt ohne Pause weiterzulesen, und zwar auch ohne besondere Betonung. Wenn es sich um einen wirklichen Einschub handelt, können Sie ihn in einer leicht veränderten Tonhöhe lesen und danach wieder in Ihrer »normalen« Tonhöhe weitermachen. In beiden Fällen erinnert Sie eine Markierung im Text bei der Lesung daran, dass Sie den Nebensatz, sofern er nicht allzu lang ist, auf einem Atembogen durchlesen:

kam der andere Jünger, ↓ der dem Hohepriester bekannt war ↑, (heraus)

Wenn im Satz mehrere Einschübe sind, können Sie hier variieren: Beim ersten gehen Sie mit der Stimme leicht nach oben, beim zweiten nach unten. Oder umgekehrt, probieren Sie ruhig ein wenig aus. Auch der Teilsatz im vorletzten Beispiel »und redete mit der Türhüterin« ist zwar grammatisch gesehen fast ein Hauptsatz, inhaltlich aber trotzdem Nebensache, Sie können also auch ihn dem Rest unterordnen. Wenn Sie nämlich dem Satzteil zu viel Aufmerksamkeit widmen, werden Ihre Zuhörenden sich fragen, über was die beiden sich da wohl unterhalten, ob sie einander von früher kennen und so weiter. Für eine Predigt kann das ein reizvoller Ausgangspunkt sein, in der Lesung laufen Sie Gefahr, die Gemeinde abzuhängen. Achten Sie nebenbei darauf, dass Sie erst mit Beginn eines Nebensatzes in eine andere Stimmlage wechseln, und nicht schon schleichend vorher, sonst landen Sie womöglich in einem unfreiwillig komischen Singsang.

In Sprechhandbüchern liest man oft die Aufforderung, einen Satz »auf Punkt zu lesen«. Das bedeutet vor allem, beim Lesen das Ende und Ziel des Satzes im Blick zu behalten. Das bewahrt Sie und Ihre Zuhörenden davor, sich im Dickicht der Einschübe und Nebensätze zu verlieren. Vergleichen Sie das mit einer längeren Autofahrt: Sie werden immer wieder gezwungen sein, Pausen einzulegen oder auf Umwegen einen Stau oder eine Autobahnsperrung zu umfahren. Vielleicht begegnet Ihnen am Wegesrand etwas, das Sie sehenswert finden. Wenn Sie überall dort zu lange bleiben und das Ziel Ihrer Reise aus den Augen verlieren, entdecken Sie vielleicht Neues und Reizvolles – auch das kann ja seine Berechtigung haben. Sie bekommen aber ein anderes Problem: Sie kommen nicht an.

> Auf Punkt lesen

Beim oben genannten Beispiel bedeutet das: Vergessen Sie beim Lesen nicht, dass das Entscheidende am Schluss passiert. So werden Sie die Einschübe fast automatisch auf angemessene Weise dem Gesamtzusammenhang unterordnen.

Eine besonders kurze Form des Einschubs sind die sogenannten *Inquit-Formeln*, das heißt kurze Ein- oder Überleitungen, die wörtliche Rede markieren. »Er sprach«, »sie antwortete und sprach« und so weiter. Bei lebendig gestalteten Dialogen sind sie in vielen Fällen verzichtbar bis störend, weswegen sie in Hörbüchern manches Mal weggelassen werden. Weglassen ist bei Bibeltexten ja immer so eine Sache, im folgenden Beispiel aus Gen 50,15–21 wäre es zumindest in einem Fall zu überlegen:

> Die Brüder Josefs aber fürchteten sich, als ihr Vater gestorben war, [und sprachen]: Josef könnte uns gram sein und uns alle Bosheit vergelten, die wir an ihm getan haben. Darum ließen sie ihm sagen: Dein Vater befahl vor seinem Tode [und sprach]: So sollt ihr zu Josef sagen: Vergib doch deinen Brüdern die Missetat und ihre Sünde, dass sie so übel an dir getan haben.

Wenn Sie das eingeklammerte »und sprach« weglassen, gewinnt der Text an Dichte, weil wir näher an das Geschehen heranrücken. Wenn sie gelesen werden, sind Inquit-Formeln anders zu behandeln als Einschübe, zumindest dort, wo sie Dialoge unterbrechen:

Wenn Sie hier jedes Mal mit der Stimme runtergehen, werden Ihre Zuhörenden aus dem Dialog herausgerissen und müssen sofort wieder hineinfinden. Das geht innerhalb von Sekunden, trotzdem haben Sie in der Zwischenzeit wahrscheinlich schon weitergelesen. Stattdessen sollten solche Inquit-Formeln, sofern sie einen wörtlich wiedergegebenen Satz unterbrechen, auf derselben Tonhöhe gelesen werden wie der Rest. Klingt wahrscheinlich kompliziert, aber wenn Sie es einmal probieren, werden Sie verstehen, was gemeint ist. Allzu häufig kommen Sie ohnehin nicht in diese Situation, denn solche Konstrukte sind in der (Luther-)Bibel selten.

Eine abgeschwächte Variante begegnet Ihnen weitaus öfter dort, wo auf ein Kommunikationsverb wörtliche Rede folgt. Und Sie haben ja schon gelernt, dass Sie dann ohnehin mit der Stimme nach oben gehen, weil dort ein Doppelpunkt steht.

▪◆ Über die Geschwindigkeit beim Lesen

Weil gerade von Geschwindigkeit die Rede war: Wenn Sie im Gottesdienst einen Bibeltext vorlesen, lesen Sie langsamer, als Sie im Alltag sprechen. Einerseits, weil Sie mit einer anderen Raumakustik rechnen müssen (siehe oben), andererseits, weil wir in Stresssituationen dazu neigen, schneller zu sprechen. Wie langsam oder schnell Sie lesen, hängt von internen und externen Faktoren ab: Manche Texte oder Textteile fordern ein

> Lesen Sie langsam. Schnell werden Sie von allein

schnelleres Lesen heraus, etwa weil sie besonders dynamisch sind, oder es empfiehlt sich größere Langsamkeit, weil sie so komplex sind oder eine Situation beschreiben, in der wir auch im Alltag langsamer sprechen würden – dazu kommen wir noch. Zu den externen Faktoren gehört der Raumklang, aber auch Ihre Zuhörerschaft – im Jugendgottesdienst kann man etwas schneller lesen als im Seniorenwohnheim oder im Sonntagsgottesdienst in einer riesigen alten Kirche.

Auf jeden Fall gilt: Lesen. Sie. langsam. Deutlich langsamer als sonst. So langsam, dass Sie beim Lesen das Gefühl haben, *zu* langsam zu sprechen. Höchstwahrscheinlich kommt das nur Ihnen selbst so vor, außerdem werden Sie bei der Lesung im Gottesdienst ohnehin ein bisschen schneller als geplant.

Ihre Lesegeschwindigkeit sollten Sie dem am schnellsten gesprochenen Satz(teil) des gesamten Textes anpassen: Wenn Sie einen Einschub etwas schneller sprechen als den Rest, dann lesen Sie gerade so schnell, dass auch der kurze Einschub noch gut zu verstehen ist, den Rest entsprechend langsamer. Das muss man üben, auch, damit eine sinnvolle Lesegeschwindigkeit ihre Unnatürlichkeit verliert.

Weil das Spiel mit der Vorlesegeschwindigkeit nicht nur ein Mittel der Strukturierung, sondern auch der emotionalen, dramaturgischen Gestaltung des Textes ist, machen wir im nächsten Kapitel damit weiter.

EMOTIONALE VERSTÄNDLICHKEIT – DEN TEXT BELEBEN

»Jemandem vorlesen heißt,
einen Text zu lesen,
ihn zu vergessen,
im selben Bruchteil einer Sekunde neu zu erfinden
und dann sozusagen spontan zu erzählen.«
(Hans Eckardt)[16]

Vom schwarzen und weißen Feuer

In der jüdischen Auslegungstradition der Bibel spricht man mitunter vom zweifachen Feuer, das in einem Text lodert, dem ›schwarzen‹ und dem ›weißen‹, eine Unterscheidung, die sich unter anderem die Methode des Bibliologs zunutze macht.[17] Das schwarze meint die Buchstaben – das weiße sind die Zwischenräume, das, was buchstäblich (oder eben nicht) zwischen den Zeilen steht und die Wirkung des Textes mitbestimmt. Auf die Lesung übertragen bedeutete das: Das schwarze Feuer ist der reine Text, Ihre Gestaltung und Ihr Vortrag Teil des weißen Feuers. Das weiße Feuer zunächst in Ihnen selbst zu entfachen, um es dann an andere weitergeben zu können – diesem Zweck dienen die hier vorgestellten Übungen.

> Lesen entfacht das weiße Feuer

Betonungen und Pausen sind besonders wichtig bei der Sinn erschließenden Gliederung des Textes, aber längst nicht die einzigen stimmlichen Ausdrucksmittel, die Ihnen bei der Lesung zur

Verfügung stehen. Mit Hilfe von Variationen im Sprechtempo, in Lautstärke und Stimmlage transportieren Sie außerdem einen atmosphärisch-emotionalen Eindruck.

Inneres Bild und Atmosphäre

Professionelle Märchenerzähler sprechen oft vom »inneren Bild«. Gemeint ist damit eine deutliche und plastische Vorstellung davon, wie es dort, wo ihre Geschichte spielt, aussieht, und zwar im ganz umfassenden Sinn. Menschen mit einer lebhaften Fantasie und gute Erzählerinnen sind immer solche Menschen, können sich fast in Gedanken und Gefühlen an den Ort versetzen, wo sie ihre Geschichte spielen lassen.[18] Dazu zählen wirkliche Ansichten: Wie sieht zum Beispiel die »Stadt« aus, in der die Geschichte spielt? Ist es eine Großstadt mit glänzenden Hochhausfassaden und lärmenden Autos? Ist es eine kleine, beschauliche Stadt mit alten Fachwerkhäuschen und Kopfsteinpflaster auf der Straße? Dazu gehören auch Geräusche und Gerüche: Das Aroma von Seetang, Salzwasser, Benzin, das Brummen von Motoren, das Schlagen der Wellen und laute Stimmen in verschiedenen Sprachen zum Beispiel am Hafen an einem belebten Werktag. Das können auch Lichtverhältnisse sein – wenn von einem »Wald« die Rede ist, handelt es sich dabei um einen kompakten, finsteren Wald, oder um ein lichtes Birkenwäldchen, in dem Lichtstrahlen durch die Baumwipfel hindurch bis auf den Waldboden fallen? Aus all dem ergibt sich die Atmosphäre einer Szene – ist sie laut oder hektisch, still und besinnlich, aufgeregt, angsterfüllt, ausgelassen …?

Die Funktion des »inneren Bildes« liegt darin, dass die Atmosphäre, die wir uns vorstellen, beim Lesen unbewusst übertragen wird. Wenn Sie sich ein belebtes Volksfest vorstellen, werden Sie fast automatisch mit einer etwas helleren und lauteren Stimme sprechen, wenn Sie von einem dunklen Friedhof im Dämmerlicht erzählen, greifen Sie zur »Grabesstimme«. Wen es interessiert: Das hat mit dem so genannten *Lombard-Effekt* zu tun, der besagt, dass wir Stimmlage, Tonhöhe und Lautstärke automatisch und unbewusst den Hintergrundgeräuschen anpassen – bei ausreichender Fantasie sogar dann, wenn diese Hintergrundgeräusche nur eingebildet sind.

In vielen erzählenden Texten in der Bibel werden Sie Hinweise auf örtliche Gegebenheiten, auf Besonderheiten der Situation finden, die Ihrer Fantasie auf die Sprünge helfen können. Einige Beispiele:

> Und nach sechs Tagen nahm Jesus mit sich Petrus und Jakobus und Johannes, dessen Bruder, und führte sie *allein* auf einen *hohen Berg*. (Mt 17,1)

> Und [Gott] hieß [Abraham] *hinaus*gehen und sprach: Sieh gen *Himmel* und zähle die *Sterne*; kannst du sie zählen? Und sprach zu ihm: So zahlreich sollen deine Nachkommen sein! (Gen 15,5)

> Am ersten Tag der Woche aber, als wir *versammelt* waren, das Brot zu brechen, predigte ihnen Paulus, und da er am nächsten Tag weiterreisen wollte, zog er die Rede hin bis *Mitternacht*. Und es waren viele *Lampen* in dem *Obergemach*, wo wir *versammelt* waren. (Apg 20,7 f.)

Wenn solche Hinweise nicht direkt im Text stehen, lohnt es sich, ein bisschen zurückzublättern und nachzusehen, ob sich im Vorfeld des Textabschnittes solche Ansagen finden.

Nehmen Sie sich Zeit und versuchen Sie, ein »inneres Bild« von der Situation zu bekommen, in der die Geschichte spielt. Schließen Sie die Augen und stellen Sie sich, je nach Text, einen hohen, einsamen Berg irgendwo in Galiläa vor. Oder eine sternenklare Nacht in einer dünn besiedelten Gegend. Oder einen brechend vollen Raum in einem Haus, es ist nach Mitternacht, rußige Öllampen sind angezündet. Wenn Sie in Gedanken an diesem Ort angekommen sind, blicken Sie sich um. Schnuppern Sie in die Luft: Wie riecht es hier? Welche Geräusche höre ich? Vielleicht merken Sie auch, ob Sie sich an diesem Ort wohlfühlen oder nicht – auch das gehört zum inneren Bild dazu und prägt Ihre Art, mit dem Text umzugehen.

DAS INNERE BILD FESTHALTEN
Wenn Sie zur Vorbereitung mit einem Ausdruck des Textes arbeiten, halten Sie Ihre atmosphärischen Assoziationen am Rand schriftlich fest: Notieren Sie Begriffe, die die Stimmung, die Sie beim Lesen empfinden, beschreiben. Oder, wenn Sie eher bildlich veranlagt sind, machen Sie sogar kleine Skizzen. Das können Symbole wie Kerzen, Ausrufezeichen und Smileys sein, oder sogar kleine szenische Darstellungen, wie Sie sich die erzählte Situation des Textes oder seine Zuhörerinnen und Zuhörer vorstellen.

Manchmal sind aber Lesungstexte keine Erzählungen, oftmals zum Beispiel Abschnitte aus den neutestamentlichen Briefen. Doch auch bei Episteltexten hilft es, sich vorzustellen: In was für einer Situation schreibt der Verfasser dieses oder jenes? Mit welcher Absicht? Will er seine Leserinnen und Leser ermahnen, trösten, belehren, ermutigen oder zurechtweisen? Manchmal wissen wir etwas über die Abfassungssituation der Briefe, zum Beispiel bei den so genannten *Gefangenschaftsbriefen*, die Paulus aus dem Gefängnis geschrieben hat, wie die Briefe an die Philipper und an Philemon. Kolosser- und Epheserbrief stammen zwar vielleicht nicht von Paulus, aber diese Situation haben sich die Verfasser vorgestellt.

Auch sonst kann es hilfreich sein, sich ein eigenes inneres Bild zu machen. Zum Beispiel für die folgenden Verse, eine bewegte und bewegende Passage aus dem Römerbrief:

Denn ich bin gewiss, dass weder Tod noch Leben, weder Engel noch Mächte noch Gewalten, weder Gegenwärtiges noch Zukünftiges, weder Hohes noch Tiefes noch eine andere Kreatur uns scheiden kann von der Liebe Gottes, die in Christus Jesus ist, unserm Herrn. (Röm 8,38f.)

Es lohnt sich, bei Briefpassagen mit dem mutmaßlichen Anlass oder dem Verhältnis zwischen Verfasser und Adressaten zu spielen. Bei manchen Briefen (etwa denen an die Gemeinde in Korinth) wissen wir, dass Paulus in mancher Hinsicht im Clinch mit der Gemeinde lag. Auch hier hilft es, den größeren Kontext, in den die zu lesende Passage eingebettet ist, in den Blick zu nehmen.

DER TON MACHT DIE MUSIK
Lesen Sie noch einmal die oben zitierte Passage aus dem Römerbrief (3,38f.) laut. Wie klingen diese Zeilen, wenn Paulus sie vor Gericht sprechen würde? Oder auf dem Marktplatz in Athen? Oder am Sterbebett eines Freundes?

▪◆ Handlungsdynamik und Dialoge

Achten Sie bei erzählenden Texten besonders auf Wörter, die Dynamik ausdrücken. Das können Bewegungsverben sein wie *packen*, *laufen*, *reißen* oder *zu Boden fallen* (besonders viele solcher Verben finden sich zum Beispiel in der überaus bewegten Geschichte von der Heilung des epileptischen jungen Mannes und seines Umfeldes in Mk 9). Dazu gehören auch direkte Regieanweisungen (»mit lauter Stimme«) und Kommunikationsverben: *rufen, schreien, flüstern, fragen, keuchen, hauchen*. Im Deutschen sind solche Verben häufig lautmalerisch, ihr Klang verrät schon Einiges über ihre Bedeutung.

LAUTMALEREI FEIERN
Probieren Sie ruhig einmal aus, diese Lautmalerei bewusst nachzuahmen und zu Übezwecken zu übertreiben – zelebrieren Sie Wörter wie *packen* oder *reißen*, indem Sie das p im Mund explodieren lassen, das a herausschleudern, das r rollen und das s zischen lassen. So trainieren Sie Ihre Sprechwerkzeuge im Mund und bekommen einen handfesten Eindruck von der Dynamik, die von vorneherein in diesen Wörtern steckt. Das bewahrt vor Langeweile.

Ein kleines Problem dabei: In biblischen Texten finden sich solche Kommunikationsverben häufig nicht, stattdessen steht hier oft nur »sagen« oder »sprechen«. Das ist sicherlich wenig dynamisch, auf der anderen Seite wird dadurch der Raum für eigene Assoziationen und Interpretationen geöffnet. Außerdem verrät der Inhalt des Gesagten schon Einiges darüber, wie es gesagt wird. Die klassischen Bibelübersetzungen haben aber noch ein anderes Problem.

Erinnern Sie sich an die Inquit-Formeln? Vorsicht, wenn in der Lutherübersetzung »sprechen« steht: Das Verb hat in unserem modernen Sprachgebrauch einen gewissen Beigeschmack, weil wir im Alltag eher *reden*, *erzählen* oder *etwas sagen*. Sprechen verbinden wir, vor allem dann, wenn im Anschluss wörtliche Rede folgt, mit öffentlichen Sprechsituationen und Redeanlässen, dem Deklamieren von Gedichten, dem Halten einer Rede oder dem öffentlichen Überbringen von Grußworten. Auch unser gottesdienstlicher Sprachgebrauch prägt diesen Eindruck: »Christus spricht« heißt es oft, wenn ein Segenswort oder eine Gnadenzusage folgt. Hier ist die Formulierung angebracht. Viele Erzählungen der Evangelien dagegen schildern äußerst lebendige Gesprächssituationen, manchmal (vordergründige) Alltagsunterhaltungen, manchmal regelrechte Wortgefechte oder seelsorgerliche Gespräche im geschützten Rahmen. Allein deswegen lohnt es sich, besonders auf die Dialoge zu achten.

GESPROCHENES UND GESAGTES
Probieren Sie, wenn Sie einen Text, in dem ein Wortwechsel geschildert wird, zuhause üben, einmal aus, jedes *Sprechen* durch *Sagen* zu ersetzen. Verändert sich dadurch etwas?

TEXTE VERUMGANGSSPRACHLICHEN
Ein Wort taucht immer wieder in biblischen Texten auf, das aus unserem alltäglichen Sprachgebrauch gänzlich verschwunden ist: »Siehe!« Es signalisiert dem Hörer oder der Leserin: Achtung, jetzt kommt etwas Wichtiges! Versuchen Sie beim Üben Ihres Textes, das »siehe« in wörtlicher Rede durch geläufigere Wendungen zu ersetzen. Zum Beispiel ganz simpel durch ein »Hey!«

◆ Rede wörtlich nehmen

In der Bibel, vor allem in erzählenden Texten, wird fast ausschließlich direkte, wörtliche Rede benutzt. Das hat gute dramaturgische Gründe: Indirekte Rede (»und er sagte, dass ...«) ist nicht nur grammatisch komplizierter und damit schwerer verständlich, sie bewirkt auch eine Distanz zum Gesagten. Der Text wirkt dadurch technischer und steriler, das Geschilderte wird statisch, ein lebhaftes Gespräch wird zum bloßen Informationsaustausch verkürzt.

Wenn im Folgenden Übungen vorgeschlagen werden, die Sie an Schauspielerei erinnern, dann ist das gar kein so falscher Eindruck. Falls Sie Angst vor zu viel oder gar falscher Theatralik haben, seien Sie beruhigt: Es geht nicht darum, einen Text vorzuspielen, sondern etwas von seiner Lebendigkeit hörbar zu machen. Obwohl – was wäre eigentlich so schlimm am Spielen?

ROLLENSPIEL
Probieren Sie, einen biblischen Text, der ein Gespräch schildert, als ein solches zu inszenieren: Verteilen Sie die verschie-

denen Rollen und lesen Sie abwechselnd. Für den Lektorenkreis kann das eine schöne Übung sein, einander besser kennenzulernen und sich als Team zu erleben. Aber vielleicht lohnt es sich auch, das im Gottesdienst zu tun? Probieren Sie dann auch einmal aus, die verschiedenen Sprecherinnen an verschiedenen Orten auftreten zu lassen – den Erzähler am Lesepult, die Jünger im Altarraum, Jesus von der Kanzel und Zwischenrufe von Umherstehenden von den Bänken. Ihrer Fantasie sind dabei keine Grenzen gesetzt (der praktischen Durchführbarkeit vielleicht schon). Auf jeden Fall werden Sie merken, dass Sie damit unweigerlich an Fragen stoßen, die den Gottesdienstraum und seine Nutzung nicht nur bei der Lesung betreffen.

Wenn im Lesungstext ein Gespräch geschildert wird, sollte man das auch hören können. Ihnen stehen eine ganze Bandbreite von Gestaltungsmöglichkeiten zur Verfügung: Die Figuren können mit unterschiedlicher Stimmfärbung (hell oder dunkel) sprechen, Sie können auch unterschiedlich laut sprechen – unabhängig davon, an wen sich die einzelnen Sätze wenden. Je nach Gesprächsintention und -inhalt wird man auch verschiedene Stimmungen und Emotionen heraushören können. Auch hierfür bietet der Text mitunter, über die oben erwähnten Kommunikationsverben hinaus, Anhaltspunkte. Zum Beispiel in Lk 10,25 und Mk 10,17: In beiden Geschichten stellt jemand die Frage: »Meister, was muss ich tun, dass ich das ewige Leben ererbe?« Im ersten Fall ist dies ein Schriftgelehrter, im Text heißt es ausdrücklich, er »stand auf, *versuchte* ihn und fragte«, er stellt Jesus also auf die Probe, will ihn in eine argumentative Falle locken. Im zweiten Fall handelt es sich um einen jungen Mann, er »lief herbei, kniete vor ihm nieder und fragte« Jesus. Wahrscheinlich werden Sie denselben Satz in beiden (Kon-)Texten höchst unterschiedlich lesen, etwa in Blick auf Lautstärke, Tempo, Satzmelodie und Stimmfärbung.

WORTWECHSEL VERKÖRPERN

Wenn Sie einen Text haben, der einen oder mehrere Wortwechsel erzählt, konzentrieren Sie sich einmal nur auf den Dialog. Streichen Sie alle erzählenden Passagen und lesen Sie nur das Gesprochene, natürlich laut. Drehen Sie dabei den Kopf hin und her, wenn Sie wollen, auch den Oberkörper oder wechseln Sie das Standbein. Oder nehmen Sie die Position ein, die im Text beschrieben ist. Das gibt Ihnen ein Gefühl für die Dynamik und die Interaktion der Figuren. Auch wenn Sie das bei der Lesung nicht nachmachen, wird man es hören.

Ein weiteres Beispiel findet sich in einer Kreuzigungsszene: Bei Matthäus (27,31–55) rufen die Schaulustigen nach Jesu verzweifeltem Ruf Richtung Himmel: »Er ruft nach dem Eliah!« Hier können Sie entscheiden, ob sie ihn damit verhöhnen, oder ob sie staunend, erschrocken oder mitleidend das Geschehen kommentieren. Bach hat sich in seiner Vertonung der Matthäuspassion für Ersteres entschieden, und im Fortgang der Geschichte tun das tatsächlich auch einige. Es scheint aber auch andere Reaktionen gegeben zu haben, immerhin lässt sich einer der Umstehenden davon erweichen und bringt Jesus etwas zu trinken. Der Text lässt beide Möglichkeiten offen.

Versuchen Sie, sich in eine oder mehrere der handelnden und sprechenden Figuren hineinzuversetzen: Welche Gefühle und Gedanken gehen ihnen im Lauf der Szene durch Kopf und Herz? Wie reagieren sie auf das, was ihnen passiert – und was hat sie überhaupt in diese Situation gebracht?

INTERVIEWS

Stellen Sie sich vor, Sie könnten mit einer der Figuren ein Gespräch führen. Der Einfachheit halber nehmen wir ein Beispiel: Die Frau aus Samarien, der Jesus am Brunnen begegnet (Joh 4, Epiphanias- und/oder Trinitatiszeit). Stellen Sie ihr Fragen: Was hat sie bewogen, in der größten Mittagshitze den Brunnen aufzusuchen? Wie hat es sich angefühlt, als Jesus sie um einen Schluck Wasser bat? Was sagt sie den anderen, als sie ins Dorf zurückkehrt? Lesen Sie dann die Geschichte noch einmal laut, und konzentrieren Sie sich besonders auf die Redeanteile der Frau. Was verändert sich?

Auch mit solchen Übungen ist schon mehr als nur der erste Schritt zu einer Predigt oder einem Andachtsimpuls gemacht – wie gesagt, Lesen hat viel mit Auslegung und Interpretation zu tun.

Ihrer Fantasie beim Spiel mit den Figuren sind so gut wie keine Grenzen gesetzt. Wenn Sie kein Interview schreiben wollen, führen Sie ein fiktives Gespräch. Oder versuchen Sie ganz wortlos, sich in die Figur hineinzuversetzen. Übungen wie diese können sehr aufschlussreich und bewegend sein, weil wir natürlich auch unsere eigenen Erwartungen, Erfahrungen, Enttäuschungen und Hoffnungen in die Figuren hineinlegen. Der Text kann dann plötzlich ganz nah kommen und seine Lebendigkeit in Ihnen entfalten. Aber genau das erhoffen wir ja von biblischen Texten.

▪▶ Figuren verkörpern

Stellen Sie sich vor, welche Körperhaltung die handelnden Figuren haben – auch dafür gibt es manchmal Anhaltspunkte im Text: Gehen Sie aufrecht und erhobenen Hauptes, stehen Sie gebückt, mit hängenden Schultern und gesenktem Kopf? Was tun Sie während des Redens mit Ihren Händen? Wenn Sie sich für eine Haltung entschieden haben, nehmen Sie sie ein. Spüren Sie für einen Moment in sich hinein. Lesen Sie dann die Redeanteile der Figur. Vielleicht fallen Ihnen auch mehrere Haltungen ein, etwa weil sich für die Figur im Verlauf des Geschehens etwas geändert hat. Vollziehen Sie diese Bewegungen nach, und achten Sie darauf, wie das jeweils Ihr Sprechen und Lesen beeinflusst.

Apropos: Auch indirekte Rede können Sie »wörtlich« nehmen, indem Sie sich in Stimmfärbung und Dynamik an gesprochener Sprache orientieren, den Satz also so lesen, als stünde er nach einem Doppelpunkt und in Anführungszeichen. Das geht sogar, wenn nicht ganze Sätze wiedergegeben werden. Nehmen Sie die ersten Sätze der Berufungsgeschichte des Saulus/Paulus (Apg 9,1f.):

> Saulus aber schnaubte noch mit Drohen und Morden gegen die Jünger des Herrn und ging zum Hohepriester und bat ihn um Briefe nach Damaskus an die Synagogen, damit er Anhänger des neuen Weges, Männer und Frauen, wenn er sie dort fände, gefesselt nach Jerusalem führe.

Schon das »Drohen und Morden« können Sie sprachlich ausgestalten, vor allem aber können Sie sich beim zweiten Vers vorstellen, wie Saulus seine Pläne dem Hohepriester unterbreitet, und die zusammengefasste Rede entsprechend gestalten, zum Beispiel mit deutlicher Abscheu gegenüber den »Anhängern des neuen Weges« in der Stimme und einer der blinden Wut entsprechenden Temposteigerung.

▪◆ Dramatik herausarbeiten

Bisher ist viel von Dialogen die Rede gewesen, viele Lesungstexte bestehen aber aus längeren gesprochenen Passagen oder Ausschnitten aus Briefen, also aus argumentativen oder beschreibenden Redestrukturen. Auch hier bieten sich Möglichkeiten der sprachlichen Gestaltung, die den Zuhörenden helfen, sich in das Geschehen hineinzuversetzen. Als Beispiel noch einmal die besagte Kreuzigungsszene. Im Abschnitt über Staupausen wurden Sie vor einer Spannungserzeugung an der falschen Stelle gewarnt, aber im folgenden Fall gibt der Text selbst die Regieanweisung: Die Evangelien berichten übereinstimmend von unheimlichen Naturphänomenen in unmittelbarer Folge des Todes Jesu.

Bei Matthäus (27,51–54) heißt es:

> Und siehe, der Vorhang im Tempel zerriss in zwei Stücke von oben an bis unten aus. Und die Erde erbebte und die Felsen zerrissen, und die Gräber taten sich auf und viele Leiber der entschlafenen Heiligen standen auf und gingen aus den Gräbern nach seiner Auferstehung und kamen in die heilige Stadt und erschienen vielen.

Im unmittelbaren Kontext gibt es zwei Signale, die die Stimmung in und um Jerusalem mehr als nur andeuten. Die Schilderung setzt ein mit »siehe (da)«, also einer *Interjektion*, einem Einwurf, der eine Empfindung transportiert, in diesem Fall: etwas Unvorhergesehenes einleitet. (Hier unterscheidet sich die traditionell biblische Sprache von unserer gesprochenen Sprache – im Alltag verwenden wir »siehe da« wegen seines altertümlichen Klangs nur mit ironischem Unterton.) Außerdem werden die Reaktionen der Umstehenden beschrieben: Der Hauptmann und die anderen erschraken sehr. Das gibt Ihnen einen Anhaltspunkt, wie die Dramatik der Szene gestaltet werden kann: Inhaltlich und dramaturgisch (und sicher auch theologisch) beinhaltet der Text eine mehrfache Steigerung: Zuerst zerreißt ein Stück Stoff, dann bebt die Erde, dann bersten die Berge – dann öffnen sich die Gräber und die Toten stehen auf. Die Häufung von »und« verstärkt diese dramatische Entwicklung, es geht nicht um ein geordnetes Nacheinander, sondern um ein Ineinander von immer unwahrscheinlicheren Ereignissen, die ein beängstigendes, überwältigendes Ganzes bilden – achten Sie auf Ihr inneres Bild. Diese Spannung können Sie sprachlich herausarbeiten, indem Sie zunächst die Lautstärke erhöhen. Dabei müssen Sie entscheiden, wo der Höhepunkt ist, nach dem Sie wieder zu einer Normallage zurückfinden.

> Regieanweisungen im Text beachten

Auch sonst bleiben Ihnen verschiedene Möglichkeiten, das Gelesene zu gestalten. Sie können sich zum Beispiel an der Redeweise einer Reporterin orientieren, die »live vor Ort« berichtet, von den Geschehnissen genauso überrascht wird wie alle anderen und dementsprechend aufgeregt, das heißt höher und schneller spricht. Oder Sie kommentieren das Ganze aus der Sicht des wissenden Erzählers, der in den entfesselten Naturgewalten gar keine überraschenden Zufälle sieht, sondern himmlische Trauerreaktionen. In letzterem Fall werden Sie wahrscheinlich weniger Aufregung in Ihre Stimme legen. Oder Sie können im unheilsprophetisch grollenden Duktus die im Text enthaltenen Lautmalereien besonders herausstellen. Probieren Sie es einfach aus!

> Augenzeugen identifizieren

AUF HÖHEPUNKTE HINARBEITEN

Es gibt mehrere Bibeltexte, die mit dem rhetorischen Mittel der *Klimax*, der allmählichen Steigerung zu einem Höhepunkt hin, arbeiten. Zum Beispiel, in immer länger werdenden Texteinheiten, 1Kor 13,3; Dtn 6,4 ff.; Spr 6,16–19; 2Petr 1,5–7; Gen 22,1–18 (mit gleich zwei klimaktischen Steigerungen) und einige mehr. Versuchen Sie, solche Steigerungen im Gesamtzusammenhang des Textes deutlich zu machen – ohne dabei freilich in sinnentstellende Überbetonung zu verfallen. Achten Sie auch darauf, bei ausführlich gestalteten Klimaxen nicht die Gesamtbewegung aus den Augen zu verlieren.

•◆ Episteltexte: Leidenschaft auf den zweiten Blick

Von *Episteln*, also den neutestamentlichen Briefen, zu denen im liturgischen Kalender auch die Apostelgeschichte gezählt wird, ist schon die Rede gewesen. Auch hier kann das innere Bild von Bedeutung sein, selbst wenn es weniger greifbar ist. Es handelt sich hierbei um eine andere Textsorte als bei den Evangelien oder bei Geschichten aus dem Alten Testament. Die Briefe bieten keine dramatisierten Ereignisschilderungen, sondern ausgefeilte theologische Argumentationen, die sich oft über mehrere Kapitel erstrecken. Das macht das Verständnis der Textauswahl in der Perikopenordnung nicht immer einfacher. Darüber hinaus stellen die Briefe oft Gelegenheitsschriften dar, die zwar so grundlegende theologische Einsichten vermitteln, dass man sie in der Alten Kirche wichtig genug fand, sie in den Kanon aufzunehmen, die aber eben damit auf konkrete Probleme in den Gemeinden oder auf Fragen der Personen, an die sie gerichtet sind, antworten.

Das ist der große Schatz der Episteln: Sie bieten lebensnahe Theologie. Und es ist gleichzeitig eine große Herausforderung, denn die Fragen der ersten Gemeinden müssen uns nicht unbedingt heute noch beschäftigen – oder haben Sie schon einmal ernsthaft darüber nachgedacht, ob Christen sich aus religiösen Gründen nicht vielleicht doch beschneiden lassen sollten? Für die Gemeinde in Galatien war das eine hochbrisante Angelegenheit, weswegen Paulus ihr in seinem Brief (5,1–6) einen ganzen Absatz widmet, der bei uns zum Reformationstag gelesen wird:

> Zur Freiheit hat uns Christus befreit! So steht nun fest und lasst euch nicht wieder das Joch der Knechtschaft auflegen! Siehe, ich, Paulus, sage euch: Wenn ihr euch beschneiden lasst, so wird euch Christus nichts nützen. Ich bezeuge abermals einem jeden, der sich beschneiden lässt, dass er das ganze Gesetz zu tun schuldig ist. Ihr habt Christus verloren, die ihr durch das Gesetz gerecht werden wollt, und seid aus der Gnade gefallen. Denn wir warten im Geist durch den Glauben auf die Gerechtigkeit, auf die man hoffen muss. Denn in Christus Jesus gilt weder Beschneidung noch Unbeschnittensein etwas, sondern der Glaube, der durch die Liebe tätig ist.

Die grundlegenden theologischen Aussagen dieses Abschnitts, den ersten und den letzten Satz, haben die Herausgeber der Lutherbibel fett gedruckt. Wenn Sie also mit ihrer Entscheidung übereinstimmen, haben Sie einen klaren inhaltlichen Rahmen. Das Dazwischen ist inhaltlich zunächst schwer nachzuvollziehen, es braucht deswegen besondere Sorgfalt bei der Gestaltung. Mir muss als Zuhörer nicht schon bei der Lesung klar werden, warum das ein Problem sein sollte, das auch mit meinem Leben etwas zu tun hat – dafür ist die Predigt da. Aber ich erwarte von Ihnen als Lektor oder Lektorin, dass Sie mit mir zusammen daran glauben, dass das Gelesene von Bedeutung sein kann. Machen Sie mir einfach deutlich, dass es für Paulus und die Galater ein wichtiges Thema gewesen ist, nehmen Sie mich mit hinein in seine Argumentation und seine Leidenschaft.

Ein Grundgedanke des Mittelteils meint im Grunde ja nichts anderes als »Wer A sagt, muss auch B sagen«. Für Paulus ist das in diesem Fall von heilsentscheidender Bedeutung.

Sprachlich umsetzen ließe sich das zum Beispiel dadurch, dass Sie der logischen Argumentation Nachdruck verleihen, wie Sie es selbst tun würden, wenn wir in der Kneipe oder in einer Presbyteriumssitzung, auch da soll es ja zu theologischen Disputen kommen, angeregt diskutieren. Vielleicht würden Sie den Halbsatz »Wenn ihr euch beschneiden lasst, ...« dadurch unterstützen, dass Sie bei sinntragenden Wörtern mit der Faust auf den Tisch hauen: »Wenn(!) ihr(!) euch beschneiden(!) lasst ...« Sprachlich können Sie das dadurch imitieren, dass Sie die einzelnen Satzbestandteile deutlich voneinander abgrenzen und jedem besonderen Nachdruck verleihen.

Womöglich fragen Sie sich jetzt, wie das mit der in diesem Buch so kategorisch vorgetragenen Warnung vor Überbetonung zusammenpasst? Ganz einfach: Es geht ja immer um die Orientierung an gesprochener Sprache. Und selbst im Alltag kommt solche stakkatohaft-überbetonte Redeweise vor. Aber auch dort nur selten – überlegen Sie, wenn Sie sich für diese Leseweise entscheiden, ob Sie den zweiten Halbsatz (»so wird euch Christus nichts nützen«) ebenso vorlesen, oder ob er nicht als heillose Konsequenz flüssiger, also ein wenig schneller und monotoner zu lesen wäre. Auch dort, wo Sie in Einzelfällen einmal bewusst überbetonen, müssen Sie die Entscheidung treffen, wo Sie den Satzkern sehen – im ersten Satzteil wahrscheinlich bei »wenn« oder »beschneiden«.

Wenn Sie einmal mit Worten auf den Tisch gehauen haben, ist dieses sprachliche Mittel in der Regel für den Rest des Textes ausgereizt – Sie sollten also in den weiteren Sätzen den Rhythmus wieder ändern. Aber Ihnen stehen ja noch eine ganze Reihe anderer sprachlicher und stimmlicher Mittel zur Verfügung. Zum Abschluss dieses Kapitels daher eine (natürlich unvollständige) Auflistung mit einigen Vorschlägen, wo man diese Mittel einsetzen könnte. Viel Spaß beim Ausprobieren!

◆ Sprecherische und stimmliche Mittel

Bisher ging es bei Dingen wie Lautstärke, Tempo und Ähnlichem meist um die reine akustische Verständlichkeit. Sie können damit aber auch bewusst arbeiten, um Spannungen zu erzeugen und so die Zuhörenden zur Identifikation oder Auseinandersetzung mit dem Gehörten einzuladen. Trotzdem bleibt die akustische Verständlichkeit oberstes Gebot – der virtuoseste Einsatz stimmlicher Gestaltungsmittel bringt Ihnen nichts, wenn man nur die Hälfte versteht. Bei allen Gestaltungsmitteln gilt, dass erst der Wechsel, zwischen laut und leise, langsam und schnell, hoch und tief und dergleichen, die Spannung erzeugt.

> Ein Wechsel erzeugt Spannung

Auch für den Einsatz sprecherischer Mittel gilt, dass sie nicht um ihrer selbst willen eingesetzt werden, sondern um Ihren Zuhörerinnen und Zuhörern den Text näherzubringen. Michael Roissié, der für viele Fernseh- und Radiosender als Sprechtrainer arbeitet, bringt es auf den Punkt: »Sie müssen alles aus dem Text begründen können. Machen Sie nie etwas mit einem Text, nur damit es schöner klingt [...]. Der Hörer nimmt Ihnen solchen Manierismus übel.«[19]

Lautstärke

Verschiedene Lautstärken signalisieren verschiedene Stimmungslagen: Mit lauter Stimme verbinden wir Aufregung, Macht, Autorität, Stress, Freude, Zorn und noch so einiges mehr. Leises Sprechen kann Eindrücke von Ruhe transportieren, aber auch von Angst, Unsicherheit oder unterdrückter Wut. Sie merken es schon: Der Charakter des Gesagten verändert sich mit dem Zusammenwirken verschiedener Gestaltungsmittel, laut bedeutet nicht automatisch Stärke und leise nicht automatisch Schwäche. Besonders bei Dialogen können Sie sich das zunutze machen.

WER SCHREIT, HAT NICHT IMMER RECHT
Lesen Sie die Berufungsgeschichte des Paulus (Apg 9,1–9), insbesondere den dramatischen Mittelteil, in dem Paulus vom Pferd stürzt und dem Auferstandenen begegnet. Arbeiten Sie bei der Gestaltung des Dialogs mit zwei verschiedenen Lautstärken, lesen Sie die Sätze von Saulus/Paulus lauter als den übrigen Text, die Worte Jesu etwas leiser. Achten Sie darauf, wie dadurch die Machtverhältnisse deutlich werden.

Achten Sie bei Lautstärkevariationen darauf, dass Sie in einer angemessenen, gut verständlichen Mittellage anfangen, damit Sie Gestaltungsraum nach oben wie nach unten haben. Gleiches gilt für das Tempo.

Tempo

Auch verschiedene Sprechgeschwindigkeiten assoziieren wir mit besonderen Stimmungslagen: Schnelle Sprecher wirken eifrig oder nervös, erfreut oder gestresst, auf jeden Fall: aufgeregt. Ob positiv oder negativ, auch das entscheidet sich wieder (unter anderem) nach der Stimmlage, der Lautstärke, und natürlich auch nach dem Inhalt des Gesagten. Langsam Gesprochenes kann Ruhe ausstrahlen, aber auch ängstlich, zögerlich, unsicher klingen. Manchmal gibt es im Text Signalwörter, die bestimmte Geschwindigkeiten geradezu herausfordern: Wenn etwas »plötzlich« geschieht oder in der Lutherbibel mit »siehe da!« angekündigt wird, werden Sie wahrscheinlich automatisch das Tempo anziehen. Auch dann, wenn Figuren rennen oder stürzen. In Dialogen belebt eine gesteigerte Geschwindigkeit das Gespräch, verschiedene Sprechgeschwindigkeiten können charakteristische Aspekte der Figuren deutlich machen.

IN DER RUHE LIEGT DIE KRAFT
Nehmen Sie sich noch einmal den obigen Dialog zwischen Saulus und Christus vor. Unterstützen Sie das, was Sie durch die Variation in der Lautstärke schon angedeutet haben, indem Sie den beiden auch verschiedene Sprechgeschwindigkeiten zuweisen: Lassen Sie Saulus etwas schneller sprechen, als Sie die Rahmenhandlung lesen, Christus etwas langsamer. Machen Sie die Gegenprobe und vertauschen Sie die Sprechgeschwindigkeiten. Spüren Sie nach, wie sich dadurch die Dynamik des Gesprächs verändert und entscheiden Sie danach, welche Möglichkeit Sie für die beste halten.

ALTES UND NEUES
Im sechsten Kapitel des Römerbriefs schreibt Paulus vom neuen Leben, das mit der Taufe beginnt. Konzentrieren Sie sich auf die Verse 6–8, und lesen Sie die Partien, die vom vergangenen Leben in Sünde und Tod handeln, etwas schneller, die Teile, in denen es um das neue Leben in und mit Christus geht, etwas langsamer.

Eine langsame Drosselung der Vorlesegeschwindigkeit kann auch ein wirksames Mittel sein, um das baldige Ende der Lesung anzukündigen. Damit können Sie spielen, indem Sie einen Trugschluss oder eine unechte Reflexionspause setzen, vor einer überraschenden Wendung so tun, als ob das Ende absehbar wäre, Ihre Zuhörenden also auf eine falsche Fährte locken. Was bei der Kreuzigungsszene unpassend, weil sinnlos ist, bietet sich an anderer Stelle an.

FISH 'N' SHIPS

Die großartige Jonageschichte ist nicht nur theologisch hochinteressant, sondern auch ein erzählerisches Meisterwerk. Nehmen Sie sich einfach mal den Übergang vom ersten zum zweiten Kapitel vor – wer weiß, wann Sie das mal gebrauchen können!

Das ganze erste Kapitel bietet eine Fülle von wechselnden Bildern, Sprechern, Schauplätzen, steckt also voller Dynamik, die sich, ähnlich dem Sturm, in den das Schiff Jonas gerät, immer mehr steigert. Ein vermeintlicher Höhe- und Wendepunkt ist in Vers 12 erreicht, in dem Jona die Seeleute auffordert, ihn über Bord zu werfen. Die Erzählung macht aber noch einen kleinen Schlenker, die Seeleute rudern noch einmal kräftiger, wodurch die Spannung noch steigt. Schließlich resignieren die Seeleute (»aber sie konnten nicht« in Vers 13 ist der eigentliche Wendepunkt), bitten Gott um Vergebung – und schreiten zur Tat: Sie werfen Jona ins Meer.

Wenn man weiß, wie die Geschichte weitergeht, ist das nicht so schlimm, es gibt ja noch den Fisch. Stellen Sie sich aber für den Moment vor, Sie wüssten nicht, wie die Geschichte weitergeht. Dann werden Sie gerade augenscheinlich Zeuge eines Mordes, die Seeleute lassen Jona über die Planke gehen, das Ende der Geschichte scheint absehbar.

Gestalten Sie den Text ab Vers 15 einmal so. Tonlos, in sinkender Geschwindigkeit das Ende andeutend und gleichzeitig die Resignation der Seeleute nachempfindend. »Da wurde das Meer still« klingt dann nicht mehr nach Rettung aus höchster Seenot, sondern wie ein entsetztes Verstummen, das auch über die Bekehrung der Seeleute (V. 16) keine Freude mehr aufkommen lässt. Ihre Stimmlage folgt dem Fall des Propheten, machen Sie, wenn Sie am Tiefpunkt angekommen sind, eine Pause. Keine Staupause, die der Gemeinde andeutet, dass es noch weitergeht, sondern eine Spannungspause, die sich als Redeschluss tarnt. Wenn Sie dann plötzlich in normaler Stimmlage und nun wieder normaler Sprechgeschwindigkeit den ersten Vers des zweiten Kapitels lesen (»Aber der Herr ließ einen großen Fisch kommen …«), haben Sie die Zuhörenden überrascht und sich ihrer vollen Aufmerksamkeit versichert.

Nochmal: Solche dramaturgischen Tricks sollten nicht um ihrer selbst willen angewandt werden, sondern dann, wenn es dem Text dienlich ist. Das Jonabuch lebt, gerade in den ersten beiden Kapiteln, ganz wesentlich von der Gegenüberstellung von Hoch und Tief, es bietet außerdem eine Fülle von hinter-, zum Teil abgründigem Humor – zumindest einen Eindruck davon sollten Sie der Gemeinde nicht vorenthalten.

Wahrscheinlich haben Sie schon bemerkt, dass sich Lautstärke und Tempo gut miteinander kombinieren lassen. In der Musik werden (nicht nur) diese beiden Aspekte durch italienische Vortragsbezeichnungen angezeigt. Es lohnt sich, mal einen Blick auf die vielen verschiedenen Möglichkeiten zu werfen, um sich der Breite des möglichen Interpretationsspektrums bewusst zu werden. Auch die Wortpartitur, den Text, können Sie auf ganz verschiedene Arten hörbar machen: Von *accelerando* (beschleunigend), *adagio* (ruhig, würdevoll) und *agitato* (erregt, unruhig), über *decrescendo* (leiser werdend), *fortissimo* (sehr laut), *misterioso* (geheimnisvoll) und *ritardando* (langsamer werdend) bis hin zu *sotto voce* (geflüstert) und *vivacissimo* (sehr lebhaft) stehen Ihnen alle Möglichkeiten offen!

Wenn wir schon bei der Musik sind, bleiben wir auch gleich dabei.

Sprachmelodie

Eine Melodie ist eine Abfolge von Tönen, die sich durch ihre Länge und ihre Frequenz, also ihre Tonhöhe voneinander unterscheiden. Auch Sprache hat eine Melodie, sie geht nach unten und nach oben, wie wir schon bei der Betonung gesehen haben. Wie stark die Sprachmelodie steigt und fällt, hängt nicht nur von der Situation, sondern auch vom Temperament des Sprechers ab. Trotzdem beträgt der Tonumfang, den wir im normalen Alltagsgespräch verwenden, schon meist eine ganze Oktave.

Die Sprachmelodie kann darüber entscheiden, wie wir das Gehörte verstehen. Es gibt Sprachen (etwa das Chinesische, in geringerem Umfang auch das Schwedische), in denen die Tonhöhe einer einzelnen Silbe über grundverschiedene Wortbedeutungen entscheidet. Im Deutschen gibt es so etwas nur auf der Satzebene, klassisch ist die Unterscheidung zwischen Frage- und Aussagesatz, die, bis auf das Satzzeichen, beide völlig identisch geschrieben sein können. Wenn Sie bei dem Satz »Klaus ist zuhause« zum Ende mit der Stimme nach unten gehen, treffen Sie eine klare Aussage: Klaus ist zuhause. Wenn Sie dagegen mit der Stimme nach oben gehen, verwandeln Sie ihn in eine Frage: Klaus ist zuhause? Ähnlich verhält es sich mit Frage- und Aufforderungssätzen (*Gehen wir!* oder *Gehen wir?*).

Wieder einmal gilt: Satzzeichen sind keine Vortragszeichen – ob eine Frage wirklich als eine Frage gemeint ist, ist Interpretationssache. Auch bei rhetorischen Fragen bietet es sich manchmal an, sich gegen das Fragezeichen und für ein Ausrufezeichen oder einen Punkt zu entscheiden.

GAR KEINE FRAGE ...

Blättern Sie zur Geschichte von Kain und Abel (Gen 4,1–16), konzentrieren Sie sich auf einen Teil des Wortwechsels zwischen Gott und Abel (6–10). Dort werden eine ganze Reihe Fragen gestellt, zumindest im geschriebenen Text. Machen Sie sich bei jeder Frage klar, ob es sich wirklich um eine Frage handelt, oder ob Sie das Fragezeichen eher als Punkt oder als Ausrufezeichen lesen wollen. Gottes Frage:»Was hast du getan?« kann ebenso gut ein entsetzter, anklagender Ausruf sein (»Was hast du getan!«, mit sinkender Sprachmelodie), oder die traurige, ungläubige Reaktion von jemandem, der unter dem Tod des Unschuldigen leidet (»Was hast du getan ...«, ohne besondere melodische Gestaltung).

Die Sprachmelodie gibt in besonderem Maß Auskunft über die Stimmungslage der Sprecherin, über ihre Einstellung zu einer Person, einer Situation, einer Idee: Eine bewegte, also häufig ansteigende und abfallende, schnelle Melodie, die sich über einen großen Tonumfang erstreckt, drückt besonderes Engagement und emotionale Beteiligung aus. Wenig Bewegung und ein geringerer Tonumfang hat eher etwas Distanziertes.

NÄHE UND DISTANZ
In der Zachäusgeschichte (Lk 19,1–10) reagieren die Umstehenden wenig erfreut, als Jesus sich bei dem verhassten Zöllner zum Essen einlädt; dass sie sich ärgern, ist ganz unmissverständlich.
Trotzdem haben Sie auch hier Gestaltungsspielraum: Lesen Sie die Beschwerde (Vers 7) zuerst mit viel Bewegung in der Stimme, dann mit relativ wenig. Beim ersten Mal wird die Volksmenge aufgebrachter, vielleicht sogar überrascht klingen, beim zweiten Mal ruhiger, aber nicht weniger negativ. Überlegen Sie, was vom Kontext und von Ihrem Verständnis dieser Szene her passender ist.

Ist die Grundbewegung der Melodie eines Satzes steigend, endet sie also auf einem höheren Ton als sie angefangen hat, bekommt der Satz in der Regel einen positiven Klang, bei fallender Gesamtbewegung eher einen negativen.

»DER LIEBE GOTT SIEHT ALLES«?!

In Ps 139,1 heißt es: »Herr, du erforschest mich und kennest mich.« Wenn Sie den Vers mit steigender Grundmelodie lesen, hat das etwas Verheißungsvolles, Tröstliches. Wenn Sie dagegen mit der Stimme im Verlauf des Satzes deutlich runtergehen, bekommt er, je nach weiterer Gestaltung, etwas Bedrückendes oder Bedrohliches.

Solche sprechmelodischen Muster sind durch unsere kulturellen Prägungen ziemlich festgelegt: Wir erkennen die emotionale Grundstimmung einer Aussage, weil wir die sprachlichen Signale mühelos und ohne nachzudenken entschlüsseln können. Schon allein deswegen ist die Melodie eines einzelnen Satzes nicht einfach frei komponierbar, sondern bewegt sich innerhalb spezifischer Rahmen, die zum Beispiel durch den Hauptakzent und damit durch die sinngemäße Betonung abgesteckt sind. Dass wir gegen den normalen Sprachgebrauch betonen, kommt äußerst selten vor, und dann auch meistens nur, weil sich ein bestimmter Rhythmus bei häufig gebrauchten, feststehenden Redewendungen eingeschliffen hat. Das prominenteste Beispiel dafür ist der klassische Märchenanfang »Es war einmal ...« *Einmal* wird eigentlich auf der ersten Silbe betont, aber hier macht man eben Zugeständnisse an das rhythmische Empfinden von Lesenden und Zuhörenden – außerdem meint »einmal« hier nicht »ein (einziges) Mal«, sondern »früher mal«.

Manchmal passt die sprachliche Gestaltung nicht zum Inhalt des Gesagten, etwa dann, wenn Sie ein Lob (»Du siehst ja toll aus!«) mit sinkender, insgesamt wenig ausgeprägter Satzmelodie aussprechen, Ihre Art des Sprechens also das Gegenteil von dem ausdrückt, was die Worte sagen. Passiert das bewusst, nennt man es »Ironie« – ich sage etwas und meine es ganz anders, um einen komischen Effekt zu erzielen. Passiert das unbewusst, spricht man von paradoxer Kommunikation. Zum Beispiel dann, wenn Sie einen Satz wie »Freuet euch in dem Herrn allewege! Und abermals sage ich: Freuet euch!« (Phil 4,4) monoton und mit Leichenbittermiene vorlesen. Oder, psychologisch noch problematischer, Droh- und Mahnworte mit einem freundlichen Lächeln und heiterem Tonfall. In beiden Fällen spielen Sie als Vorleser oder Vorleserin mit dem Vertrauen, das Ihre Zuhörenden Ihnen entgegenbringen. Daher: Vorsicht an dieser Stelle.

Stimmlage und Stimmfarbe

Auch bei der Stimmlage geht es um die Tonhöhe des Gesagten oder Gelesenen. Während aber die Sprachmelodie die Bewegungen meint, bezeichnet die Stimmlage den Bereich, in dem sich all das dauerhaft abspielt. Vielleicht erinnern Sie sich noch an die Indifferenzlage? Die brauchen Sie, wenn Sie mit der Stimmlage arbeiten, denn nur von einer entspannten Mittellage aus können Sie bequem nach oben oder nach unten wechseln und wieder dorthin zurückfinden.

Das Hauptanwendungsgebiet für Veränderungen in der Stimmlage haben Sie bereits kennengelernt: Bei Nebensätzen und Einschüben signalisieren Sie durch eine andere Tonlage, dass es sich hier um Nebenschauplätze und Abzweige handelt und die eigentliche Handlung anderswo weitergeht. Sie können Einschübe höher oder tiefer als den Rest sprechen – nach allem, was Sie jetzt über die Wirkung von Sprachmelodiemustern wissen, können Sie im Einzelfall bewusst entscheiden, was dem Verständnis jeweils am besten dient.

Sie können auch die Stimmlage im Laufe eines längeren Textes leicht in eine Richtung verändern. Zum Beispiel, um (bei einem Senken der Stimme) Beruhigung oder aber ein trauriges Ende anzudeuten. Wichtig ist vor allem, dass Sie das schrittweise und nie im Verlauf einer einzelnen Satzeinheit tun, sonst fangen Sie an zu leiern. Aber mit der letzten Anwendungsmöglichkeit bewegen wir uns ohnehin auf ein weiteres sprecherisches Gestaltungsmittel zu.

Während die *Stimmlage* den dauerhaften sprecherischen Aufenthalt in einem bestimmten Tonbereich bezeichnet, meint *Stimm-*

farbe meist (eine gängige wissenschaftliche Definition gibt es nicht) den bewusst veränderten Klang einzelner Sätze oder Sprecheinheiten, um Stimmungen zu erzeugen oder Emotionen darzustellen. Dabei kann es um die Tonhöhe gehen, aber auch um das Timbre, also das stimmliche Klangspektrum. Letzteres ist gemeint, wenn wir von einer »vollen«, »dünnen«, »dunklen«, »strahlenden« oder »kehligen« Stimme sprechen.

Solche Klangaspekte lassen sich zum Teil technisch abbilden und beschreiben, aber in vielen Sprecherhandbüchern werden unter der Überschrift »Stimmfarbe« auch viele andere Aspekte abgehandelt. Dass es gar nicht so einfach ist, diese ganzen gestalterischen Mittel getrennt voneinander zu betrachten, werden Sie ja schon gemerkt haben.

Die Qualitäten, die wir bestimmten Stimmfarben zuordnen, sind kulturellen Schwankungen unterworfen. Hohe Stimmen verbinden wir eher mit Frauen oder Kindern, tiefe mit Männern. Tonloses Sprechen klingt langweilig, gruselig oder beunruhigt, je nach Kontext und Ausgestaltung. Bei Stimmimitationen machen wir uns solch kollektives Wissen zunutze: Wir müssen nicht exakt wie ein Kind klingen, wenn wir eine kindliche Sprechweise imitieren – eine erhöhte, deutlich hellere Stimme reicht oft aus, vielleicht verbunden mit typisch frühkindlichen Sprechfehlern (lispeln, -t-/-k-Schwierigkeiten) und Ausdrucksweisen, damit unsere Zuhörenden erkennen, was gemeint ist. Leichte Veränderungen in der Stimmfärbung können dabei helfen, in einer Szene mit wörtlicher Rede verschiedener Figuren diese zu identifizieren.

Bestimmte Aspekte des Timbres sind physiologisch festgelegt, das haben Sie im Kapitel zur Stimmtechnik vielleicht schon gelesen. In diesem Rahmen verändern wir unsere Stimmfarbe im Alltag oft unter dem Einfluss von Emotionen oder Rollenerwartungen: Wenn Sie freudestrahlend von etwas berichten, wählen Sie ganz automatisch eine hellere Stimmfärbung, bei einer Beileidsbekundung würde Ihnen das unpassend erscheinen, Sie werden hier wahrscheinlich etwas gedämpfter sprechen.

Wenn Sie in gestalterischer Absicht Ihre Stimmfarbe zwischendurch ändern, achten Sie darauf, sich nicht zu weit von Ihrer Indifferenzlage zu entfernen: Dauerhaftes Sprechen in einem Bereich außerhalb, also entweder deutlich zu hoch oder zu tief, schränkt Ihre Gestaltungsmöglichkeiten ein, strengt Sie an – und Ihre Zuhörenden auch. In den vorangegangenen Übebeispielen spielte die Stimmfarbe implizit auch schon eine Rolle, Sie können sie wiederholen und dabei einmal darauf achten, wie Sie Ihre Stimmfarbe automatisch verändern.

Gestaltungsmittel verfügbar machen

Vielleicht haben Sie jetzt gerade zum ersten Mal gelesen, dass eine Sprechmelodie mit geringen Bewegungen nach oben und nach unten etwas Distanzierendes hat. Trotzdem wussten Sie das schon vorher, ohne sich besonders darüber Gedanken gemacht zu haben, einfach, weil Sie im Alltag so sprechen.

Manchen Menschen fällt es schwer, solche Gestaltungsmittel bewusst einzusetzen, auf Knopfdruck die Stimmung zu wechseln und stimmlich so zu tun, als seien sie traurig, fröhlich, schadenfroh oder verwundert. Vielleicht helfen Ihnen schon die oben genannten technischen Beschreibungen zum gefühlvollen Melodieverlauf. Falls nicht, gibt es zwei Tricks, mit denen Sie sich helfen können.

Vom bereits mehrfach zitierten Michael Roissié stammt die Idee, sich durch einen eigens dazu erfundenen »Vorsatz« gewissermaßen einzustimmen: Wenn Sie einen Satz mit einer bestimmten Emotion aufladen wollen, sprechen Sie vorher einen entsprechenden Satz aus der Alltagssprache – das fällt oft leichter als mit einer abstrakten Regieanweisung wie *fröhlich, begeistert* oder *entsetzt* umzugehen. Roissié schlägt zum Beispiel vor: »Stellen Sie sich mal vor!«, »Übrigens, ganz im Vertrauen ...«, »Das hätten Sie jetzt nicht gedacht!«, »Mal

> Vorsätze bringen in Stimmung

ganz langsam zum Mitschreiben ...«, »Beeilen Sie sich, denn ...«, »Sie werden schon sehen ...« und vieles mehr.[20] Wenn Sie das lange genug einüben, reicht es nach einiger Zeit, diese Vorsätze nur noch zu denken, Ihre Stimmführung passen Sie dann ganz automatisch an. Eine Variation dieses Tricks haben Sie schon früher kennengelernt, bei dem Vorschlag, zu Übungszwecken »sprach« durch »sagte« und »siehe« durch »hey« zu ersetzen.

MIT VORSÄTZEN IN STIMMUNG BRINGEN
Nehmen Sie den Satz »Siehe, jetzt ist die Zeit der Gnade, siehe, jetzt ist die Zeit des Heils« (2Kor 6,2). Lesen Sie ihn mit den verschiedenen oben vorgeschlagenen Vorsätzen. Achten Sie darauf, wie sich der Satz dadurch verändert. Welche Version überzeugt Sie am meisten? Und welche passt am besten zum Kontext?

Ein zweiter Trick: Vielleicht haben Sie schon einmal die Empfehlung gehört, am Telefon zu lächeln. Menschen, die von Berufs wegen telefonischen Kundenkontakt pflegen, lernen das meist am ersten Ausbildungstag. Der Grund ist ganz einfach: Man hört es. Das ist keine Zauberei, sondern hängt mit zwei Faktoren zusammen: Beim Lächeln (oder anderen Gesichtsausdrücken) aktiviert unser motorisches Gedächtnis die Erinnerung an Emotionen, denen wir unsere Sprechweise automatisch anpassen. Und Veränderungen in der Mimik bedeuten ganz praktisch eine Umstellung im Bereich der oberen Sprechwerkzeuge, die infolgedessen den Grundklang der Stimme anders bearbeiten. Das hat vor allem Auswirkungen auf die Stimmfarbe. Spielen Sie beim Üben damit, indem Sie ausgewählte Textteile mit einem besonderen Gesichtsausdruck lesen.

> Mimik färbt Sprache

Diese Tipps können vor allem bei der Gestaltung von Episteltexten hilfreich sein, weil sie dabei Spannungen herausarbeiten müssen, ohne auf die dramatischen Elemente einer erzählten

Geschichte (wörtliche Rede, Figurenkonstellationen, Handlungen, Regieanweisungen usw.) zurückgreifen zu können.

‣ Die Grenze des Theatralischen

Nachdem Sie sich jetzt lange mit den unausschöpflichen Möglichkeiten der sprecherischen und stimmlichen Gestaltung beschäftigt haben, ein paar Worte zur Grenze des Theatralischen. Unter Hörbuchproduzenten und -sprecherinnen ist es äußerst umstritten, ob man bei der Wiedergabe von wörtlicher Rede seine Stimme verstellen soll, also eine der eigenen Sprechstimme völlig fremde Stimmfarbe wählt (besonders hoch durch den Einsatz der Kopfstimme/des Falsetts oder besonders tief), einer Figur Sprechstörungen oder Dialekte verleiht und Ähnliches. In Extremform, und mit großem Erfolg, tut das etwa Rufus Beck in den Harry-Potter-Hörbüchern. Nur: Der kann das. Und: Der schillernde Figurenkosmos und der hintergründige Humor in J.K. Rowlings Büchern geben das her. In biblischen Texten ist der Kreis der handelnden Figuren enger gefasst, außerdem treffen Sie im Gottesdienst auf bestimmte Hörerwartungen. Bei allzu begeisterten Stimmimitationen denken Ihre Zuhörenden bestenfalls an eine Märchenstunde für Kinder, eher noch an Theaterstadel und Bauernschwank. Zudem laufen Sie Gefahr, dass der Text hinter Ihren vielleicht sogar grandiosen stimmlichen Fähigkeiten zurücktritt, die Aufmerksamkeit der Gemeinde verschiebt sich. So wichtig Ihr Beitrag zur Lesung auch ist, so sehr Ihr Temperament und Ihre Deutung des Textes Ihren Vortrag prägen sollen und werden – das ist dann doch zu viel des Guten. Trotzdem ist ein Mittelweg nicht ausgeschlossen, Ihre Bekanntschaft mit den handelnden Figuren kann und darf beim Lesen durchschimmern, sofern es dem Textverständnis dient. Und von Hörbüchern können Sie immer noch eine Menge lernen.

> Dem Text den Vortritt lassen

Die hier vorgetragenen Bedenken sollen Ihnen aber nicht den Spaß am Spiel nehmen, denn sie beziehen sich vor allem auf die Lesung im Gottesdienst, nicht auf ihre Vorbereitung. Hand aufs Herz: In keinem Gottesdienst, den ich in meinem Leben bisher besucht oder gestaltet habe, in keinem Workshop ist mir bislang eine Lektorin begegnet, die stimmlich zu viel experimentiert und sprecherisch zu viel gewagt hätte. Das liegt wahrscheinlich daran, dass wir in der Stresssituation, die ein öffentlicher Auftritt immer bedeutet, dazu neigen, uns selbst auf ein Normalmaß hinunterzuschrauben: Unsere Gesten werden kleiner, die Sprechmelodie gleichmäßiger, selbst, wenn wir das im stillen Kämmerlein anders geprobt haben. Von daher: Fordern Sie sich in der Vorbereitung selbst heraus, spielen Sie mit den hier vorgestellten Möglichkeiten – auf das Unnötige werden Sie dann schon von selbst verzichten, die Hauptsache ist, dass Sie überhaupt engagiert am Text arbeiten.

Wenn alles gut läuft, haben Sie jetzt richtig Lust auf Ihre Lesung im Gottesdienst. Im nächsten Kapitel bekommen Sie einige handwerkliche Tipps dafür.

DIE LESUNG IM GOTTESDIENST. HANDWERKLICHES FÜR DAS DRUMHERUM

▪◆ Auftritt

Grundsätzlich gilt im Altarraum dasselbe wie auf der Theaterbühne: Alle Sprach- und sonstigen Handlungen sind nacheinander auszuführen, nicht gleichzeitig. Es sei denn, es gibt tragfähige dramaturgische Gründe dafür (die gibt es aber meistens nicht). Alles andere wirkt hektisch, es verwirrt, weil mir als Gottesdienstteilnehmendem unklar ist, was jetzt dran ist, und es entwertet die einzelnen Gottesdienstbestandteile: Wer schon bei den letzten Liedversen Richtung Kanzel spaziert (was nur in riesigen Kathedralen nötig ist, um unnötige Pausen zu vermeiden), zeigt deutlich, was er*sie vom Gemeindegesang hält. Wer im Gehen nach vorn in den Unterlagen blättert, riskiert nicht nur, über die Altarstufen zu stolpern oder gegen den Mikrofonständer zu laufen, sondern signalisiert der Gemeinde auch: Wir haben keine Zeit. Beides sind potenzielle Störfaktoren, die leicht vermeidbar sind.

> Nacheinander, nicht gleichzeitig

Für die Lesung bedeutet das vor allem: Sie haben Zeit. Gehen Sie erst nach vorne, wenn ein eventuelles Lied vor der Lesung verklungen ist. Wenn Sie am Lesepult oder am Mikrofon angekommen sind, nehmen Sie sich fünf Sekunden Zeit, um einen guten Stand zu finden (siehe oben) und einmal tief ein- und auszuatmen, ohne die Schultern dabei hochzuziehen. Die meisten Gottesdienstteilnehmenden sind für solche kleinen Atempausen überaus dankbar, weil sie den Gottesdienst entschleunigen. Erst dann schlagen Sie die Bibel auf – an der Stelle, wo Sie idealerweise vorher das Lesebändchen oder einen Ausdruck des Lesungstextes hineingelegt haben.

DIE SACHE MIT DEM BÄNDCHEN

Wenn Sie sich ein Lesebändchen in Bibel oder Gesangbuch legen, achten Sie darauf, dass es an der Seite herausguckt, nicht unten. So können Sie mit Hilfe des Bandes direkt die gewünschte Seite aufschlagen und riskieren nicht, die dünnen Buchseiten einzureißen.

Eine alte Regel besagt übrigens, dass man nicht schräg durch den Altarraum geht, sondern gerade, also von der Bank aus zunächst Richtung Mitte, dann geradeaus nach vorn. Daran müssen Sie sich nicht sklavisch halten, aber es ist eine gute Erinnerung daran, sich vorher über die Wege im Gottesdienstraum Gedanken zu machen.

•◆ Ankündigung und Einleitung der Lesung

In manchen Gemeinden ist es üblich, eine kurze »Einleitung zur Lesung«, die über die bloße Nennung der Stellenangabe hinausgeht, zu verlesen. Es gibt mittlerweile entsprechende Literatur, die zur eigenen Vorbereitung womöglich nützlich sein kann. Trotzdem sollte man sehr genau überlegen, welche Einleitung eine Lesung überhaupt braucht. Auf keinen Fall sollte sie so lang oder gar länger sein als der biblische Text selbst. Vorsichtig sollte man auch mit Verstehensempfehlungen (»Paulus schreibt an die Gemeinde in XX und meint damit …«) oder mit Zusammenfassungen der Lesung sein (»Paulus schreibt in seinem Brief an die Gemeinde in Korinth, dass die Gemeinde wie ein Körper ist …«).

> Lesungsankündigung, nicht Verstehensempfehlung!

Natürlich ist es manchmal hilfreich, den größeren Kontext einer Textstelle zu kennen, zu wissen, welche Rolle sie im unmittelbaren Geschehen, im größeren Argumentationszusammenhang einer biblischen Schrift spielt. Dann sollte sich die Einleitung auf das absolut Nötige beschränken – im Grunde handelt es sich um eine klassische Anmoderation, ähnlich wie im Radio. Sie setzen, wo es notwendig ist, einen Verständnisrahmen. Und machen neugierig auf das, was kommt – ohne allzu viel zu verraten.[21] Zum Beispiel bei 1 Kor 12,2–11, der berühmten Pfingstmontagspassage, in der es um den Leib Christi und seine Glieder geht:

> Lesungsankündigungen sind Anmoderationen

> »In der antiken Hafenstadt Korinth gibt es eine sehr lebendige junge Gemeinde. Doch es gibt auch Streit: Einige halten sich für besser als andere. In seinem Brief kommt Paulus darauf zu sprechen und schreibt: …«

REIN IN DEN TEXT
Überlegen Sie sich bei Ihrem nächsten Text, ob Ihre Zuhörerinnen überhaupt irgendwelche Vorinformationen brauchen – nötig ist das nicht immer. Formulieren Sie diese in einem Satz. Mögliche Anhaltspunkte dafür wären in Evangelientexten: In welcher Situation spielt eine Szene, wird eine Rede gehalten? Oder in Briefen: Auf welche (ausgesprochene oder unausgesprochene) Frage antwortet der Verfasser? Das ist überhaupt eine gute Ausgangsfrage. Bei Ihrer Anmoderation sollten Sie natürlich nicht die Antwort schon geben.

Oftmals beschränkt man sich bei der Einleitung der Lesung auf eine bloße Ankündigung der Fundstelle: »Der Lesungstext für den heutigen Sonntag steht bei …« Das können Sie kürzen, weil jeder weiß, dass Sonntag ist. Außerdem gilt: Versangaben kann sich niemand merken, sie sind (in diesem Zusammenhang) nicht nur verzichtbar, sondern störend. Auch bei Liedansagen kann man sich ruhig merken: Nachkommastellen gehören nicht in den Gottesdienst. Reizvoll wäre außerdem, die Lesung als Kommunikationsgeschehen ernst zu nehmen und entsprechend, mit deutlich artikuliertem Doppelpunkt, das heißt einer Tonhebung zum Ende hin, einzuleiten: »Paulus schreibt an die Gemeinde in Korinth: ...«

> Nachkommastellen gehören nicht in den Gottesdienst

PRÜFET ALLES, DAS GUTE BEHALTET

Manchmal wird eingewandt, dass die Gemeinde ja die Möglichkeit bekommen soll, das Gehörte zuhause noch einmal nachzulesen. Vielleicht sehen Sie das auch so. Wenn Sie das nächste Mal einen Gottesdienst besuchen, versuchen Sie, sich zuhause an die genaue Bibelstelle, die vorgelesen wurde, zu erinnern. Schaffen Sie das?

Bei der Einleitung sollte auf jeden Fall sorgsam überprüft werden, ob die darin gegebenen Informationen a) notwendig und b) korrekt sind: »Wir hören die Lesung ...« ist ein Satz, der nicht ganz stimmt – denn derjenige, der diese Ankündigung macht, hört ja nicht nur, sondern liest gleich auch. Überhaupt ist das »wir« im Gottesdienst oft problematisch und sollte nur mit Bedacht benutzt werden. Einfacher und stimmiger wäre die Variante: »Ich lese aus ...« – diese Information ist allerdings, ganz streng genommen, unnötig, weil Sie ja im nächsten Atemzug eben dieses tun.

> Informationen sollen notwendig und korrekt sein

Und es tut evangelischen Gottesdiensten oft gut, Dinge einfach zu tun und nicht noch darüber zu reden. Grundsätzlich gilt: Regieanweisungen und Ankündigungen sind nur dann notwendig, wenn die Gemeinde selbst aktiv werden muss und dafür ein Signal braucht. Zum Beispiel, wenn sie sich zur Fürbitte erhebt oder einen Psalm mitbeten soll.

Dort, wo die Gemeinde stehend die Lesung hört, reicht eine kurze höfliche Aufforderung – wenn sie überhaupt nötig ist: »Ich bitte Sie, sich zur Schriftlesung zu erheben.« (Und was spricht eigentlich gegen »Bitte erheben Sie sich zur Lesung«?) Wenn man dazu eine Geste machen will (was nicht nötig ist), dann sollte diese freundlich und ruhig sein, nicht hektisch oder aufscheuchend. Die oft gehörte und sicherlich gut gemeinte Einschränkung (»sofern Sie dazu in der Lage sind«) klingt vor allem aus eigenem Mund sehr sozial und menschenfreundlich, man sollte aber bedenken: Für viele Menschen, gerade ältere, ist es Ehrensache, sich zu erheben, sie nehmen dabei nicht unerhebliche Anstrengungen in Kauf. Das sollte nicht unbedacht abgewertet werden. Auf keinen Fall sollte man reflexartig eine auffordernde Geste machen – das wirkt hektisch und bestimmend. Auch ein vordergründig inkludierendes »Wir stehen zur Lesung auf« klingt vor allem, weil es nicht wahr ist (Sie stehen ja schon!), nach dem Sprachgebrauch älterer Krankenschwestern oder halbgarer Pädagogik – es schafft ein Gefälle zwischen Lesendem und Gemeinde, das einer Kirche, die auf das Priestertum aller Getauften viel Wert legt, nicht würdig ist. Nach der Aufforderung ist einen Moment innezuhalten, bis sich wirklich auch die Letzte, die es will, von ihrem Platz erhoben hat.

Übrigens: Die in der Lutherbibel fettgedruckten Überschriften sind nicht Teil des Originaltextes, sondern Hinzufügungen der Herausgeber. Manchmal passen sie, manchmal verraten sie fragwürdige Lesehaltungen. Die neue Lutherbibel 2017 hat in dieser Hinsicht nachgebessert, trotzdem gibt es keine Regel, die besagt, dass man sie vorlesen müsste.

▸ Wohin mit den Augen?

Unzählige Rhetorikratgeber empfehlen dringend, zum Publikum eine Beziehung aufzubauen, indem man den Zuhörenden öfters in die Augen schaut. Auch beim Predigen ist das ein guter Rat. Bei der Lesung dagegen ist es unüblich, in Redepausen oder beim Sprechen vom Text hochzuschauen und den Blickkontakt zur Gemeinde zu suchen. Das hat zunächst theologische Gründe: Der Text soll buchstäblich für sich sprechen, kein Kontaktversuch des Vorlesenden soll die Hörenden vom Wort ablenken oder zu beeinflussen versuchen. Ebenso schwerwiegend

> Bieten Sie keinen Kontakt an, den Sie nicht geben können

sind die praktischen Einwände: Stellen Sie sich vor, Sie lesen eines schönen Sonntags im Spätsommer den Abschnitt Mk 9,17–27, in dem Jesus sagt: »O, ihr ungläubiges Geschlecht …!« Und stellen Sie sich vor, Sie blicken bei diesen Worten von der Bibel auf und schauen genau diesen Presbyter oder jene Mitarbeiterin an, mit der Sie ohnehin im Clinch liegen …

Machen Sie sich auch klar: Wenn Sie Blickkontakt suchen, machen Sie ein Beziehungsangebot – das sollte aber nur geschehen, wenn Sie dieses Versprechen auch einlösen können. Routinierte Predigerinnen können das: Sie suchen während der Predigt den Kontakt zur Gemeinde, lassen die Zuhörenden »mitpredigen«: Plötzlich blickt man in das Gesicht eines Gemeindeglieds und entdeckt dort Unverständnis oder Irritation, und merkt daran, dass ein bestimmter Gedanke vielleicht noch einmal ganz anders ausgeführt werden soll, als es im Predigtmanuskript steht. Diese Möglichkeit haben Sie bei der Lesung nicht, Sie laufen eher noch Gefahr, dass eine unvorhergesehene Hörerreaktion Sie verunsichert.

Daher die Empfehlung: Lassen Sie die Augen während der ganzen Lesung auf die Bibel oder Ihren Text gerichtet. Damit schaffen Sie eine konzentrierte Atmosphäre, die es Ihren Zuhörenden erleichtert, sich auf die Lesung einzulassen. Vergessen Sie dabei trotzdem nicht: Adressatin der Lesung ist nicht die Bibel in Ihrer Hand, sondern die Gemeinde in den Bänken vor Ihnen. Laut sprechen müssen Sie also trotzdem, verständlich sowieso. Es soll auch nicht verschwiegen werden, dass das mehr Arbeit für die Gestaltung der Lesung bedeutet – statt auf Blickkontakt zu setzen, um Ihre Zuhörenden mitzunehmen, müssen Sie gänzlich auf Ihre Stimme und Ihre Fähigkeit zum ansprechenden Vorlesen vertrauen. Aber auch auf die verbindende Kraft des Wortes.

> **»DU HAST MICH ANGESEHEN?«**
> Achten Sie bei Ihrem nächsten Gottesdienstbesuch, bei dem Sie in der Bank sitzen, einmal darauf, wohin Sie selbst eigentlich während der Lesung gucken.

Die Anregung, auf das Hochgucken bei der Lesung zu verzichten, ist übrigens diejenige, der die Teilnehmenden bei Lektorenworkshops am lautesten widersprechen – zumindest am Anfang. Wenn wir dann das Ganze einmal durchspielen, stellen sowohl die Lesenden als auch die Zuhörenden fest, dass sie gar nichts vermissen ...

Den »Publikumskontakt« können Sie ganz unproblematisch herstellen, wenn Sie die Ankündigung der Lesung nicht ablesen, sondern dabei in die Gemeinde schauen. Suchen Sie sich (je nach Größe und Struktur des Raums) zwei bis drei konkrete Ansprechpartnerinnen im Raum, denen Sie in die Augen schauen und bei denen Sie einen Moment verweilen. Eine alte Faustregel besagt, dass sich dabei sechs Personen in der unmittelbaren Umgebung gleichzeitig angesprochen fühlen. Damit lässt sich ja schon arbeiten. Eine weitere Gelegenheit zum Kontakt mit den Zuhörenden bietet sich am Ende der Lesung.

◆ Was mache ich mit den Händen?

Was Sie mit den Händen machen, hängt ein bisschen davon ab, von wo Sie lesen. Wenn Sie von Kanzel oder Lesepult (Ambo) aus lesen, können Sie die Hände dort ablegen. Wohlgemerkt: Ablegen. Halten Sie sich nicht dort fest. Das haben Sie nicht nötig, außerdem blockieren Sie sich: Wenn Sie sich zu sehr festklammern, verkrampfen Sie von den Händen aufwärts, bis in den Schulterbereich. Das tut Ihrer Atmung nicht gut, und damit Ihrer Lesung nicht. Außerdem bauen sich beim Lesen Energien auf, die irgendwie abgeleitet werden wollen. Wenn die Hände locker aufliegen, können Sie dies durch kleine Handbewegungen tun. Haben Sie diese Möglichkeit nicht, suchen sich die Impulse eigene Wege. Dann fängt man an mit den Füßen zu scharren, mit dem Oberkörper zu wippen oder mit dem Kopf zu wackeln. All das lenkt Sie und andere ab.

Wenn Sie von irgendwo im Altarraum vor einem freistehenden Mikrofon lesen, können Sie sich mit etwas behelfen, das Thomas Kabel die »freie Lesehaltung« genannt hat, »eine Hand hält die Bibel unter dem Buchrücken, die andere Hand hält das Buch seitlich, sie hat etwas Spiel, da wird auch Energie abgeleitet, aber die Hand bleibt an der Bibel«.[22]

Noch ein kleiner Tipp: Wenn Sie die Bibel etwas höher halten, also etwa in Brusthöhe und mit einer Unterarmlänge Abstand zum Oberkörper, heben Sie automatisch den Kopf. Das Gelesene hat so bessere Chancen, über das Mikrofon in den Raum zu kommen. Außerdem bewegen sich die oberen Sprechwerkzeuge freier: Wenn Sie beim Vorlesen zu weit nach unten schauen, ziehen Sie fast automatisch den Kehlkopf nach, das führt zu einer knödeligen, unfreien Stimme. Achten Sie gleichzeitig darauf, nicht im Schulterbereich zu verkrampfen.

◆ Vor dem Abgang

Bereiten Sie Ihre Zuhörenden rechtzeitig auf das Ende der Lesung vor, zum Beispiel, indem Sie langsamer werden. Das gibt der Gemeinde die Möglichkeit, sich aus dem unter Ihrer Führung betretenen Textraum langsam zu verabschieden, enden Sie also nicht abrupt. Was Sie unmittelbar nach der Lesung tun, hängt vom weiteren Verlauf des Gottesdienstes ab. Auf keinen Fall sollten Sie die Bibel noch beim Sprechen wieder zuschlagen. Das sieht nach unpassender Geschäftigkeit aus und signalisiert Ihren Zuschauerinnen und Zuschauern: So, das wäre geschafft, jetzt kommt das Wichtige! Gönnen Sie sich und der Gemeinde nach der Lesung eine kleine (Reflexions-)Pause, in der das Gehörte nachklingen kann. Auch das gehört zu den Grundregeln gottesdienstlichen Handelns: Was angefangen wird, wird auch in Ruhe zu Ende gebracht, bevor es weitergeht. So werden die einzelnen Gottesdienstbestandteile klar voneinander abgegrenzt und die Struktur des Gottesdienstes wird nachvollziehbar gemacht, außerdem behält jede Handlung so ihre eigene Würde.

> Bereiten Sie schon beim Lesen den Abschied vom Text vor

> Was im Gottesdienst begonnen wird,
> wird in Ruhe zu Ende gebracht,
> bevor es weitergeht

Wenn Sie am Ende der Lesung eine Pause machen, dann sollte diese deutlich länger sein als alle Pausen, die Sie innerhalb der Textlesung verwenden. Das ist gar nicht so einfach, weil dem Vornestehenden das alles quälend lang vorkommen kann. Sie können sich mit dem alten Trick behelfen, im Kopf langsam »einundzwanzig, zweiundzwanzig, dreiundzwanzig« (und vielleicht noch weiter) zu zählen. Damit kommen Sie auf etwa fünf Sekunden. Noch länger muss die Pause sein, wenn sie an anderer Stelle im Gottesdienst als »Stille« explizit angekündigt wird, etwa im Eingangsteil oder während der Fürbitten. Hier gilt die Faustregel: Zwei bis drei Vaterunser lang. Wenn Sie also einmal eine Fürbitte mitgestalten und die Gebetsstille anmoderieren, probieren Sie es aus – Sie werden überrascht sein, wie positiv viele Menschen darauf reagieren werden, weil Stille in unseren Gottesdiensten eher selten vorkommt.

▸ Halleluja

Vielerorts ist es üblich, dass auf die Lesung ein von der Gemeinde gesungenes Halleluja folgt, das mit einem für jeden Sonntag vorgeschlagenen biblischen Hallelujavers eingeleitet wird. Das gesungene Halleluja war ursprünglich nicht die Antwort auf die Lesung, sondern diente der Einführung des Evangeliums, aber das hat sich in den wenigsten Gottesdienstabläufen erhalten. Diesen Vers haben Sie sich natürlich vorher auf einem Zettel notiert und in die Bibel gelegt, und Sie haben ihn natürlich ebenso vorbereitet wie den Lesungstext. An der Pause nach der Lesung ändert sich dadurch nichts, der Gemeinde sollte signalisiert werden, dass die Lesung beendet ist und nun ein anderer liturgischer Schritt folgt. Es spricht nichts dagegen, beim Hallelujavers die Gemeinde wieder anzugucken – »Halleluja« ist hebräisch und bedeutet »Lobt Gott!«, ist also eine Aufforderung an die Gemeinde.

Oft ist zu hören, dass dem Hallelujavers noch ein Extra-Halleluja vorgeschaltet wird. Das Anliegen dahinter, nämlich den Vers von der Lesung abzugrenzen, mag verständlich sein, ebenso die Begründung aus liturgiegeschichtlichen Entwicklungen – meist wirkt es aber einfach komisch, insbesondere dann, wenn der Hallelujavers nur kurz ist: »Halleluja. Lobet den Herrn, alle Heiden. Preiset ihn, alle Völker. Halleluja. (Gemeinde singend:) Hallelu-hu-ja ...« Das erste Halleluja brauchen Sie nicht, die deutliche Pause tut es auch.

Ob Sie in das Halleluja der Gemeinde einstimmen, ist Ihnen überlassen. Lange Zeit galt das als liturgisch falsch, weil es sich beim Halleluja um ein so genanntes *Responsorium*, einen Antwortgesang handelt, mit dem die Gemeinde auf einen Ausspruch der Liturgin (oder, in dem Fall, des Lektors) reagiert. Aus historischer Sicht mag das korrekt sein, faktisch ist jedoch der ursprüngliche Sinnzusammenhang schon dadurch aufgebrochen, dass die Gemeinde singend auf ein gesprochenes Signal antwortet. Wenn Sie mitsingen, treten Sie ruhig einen Schritt vom Mikrofon zurück, um den Gemeindegesang nicht zu übertönen, vermeiden Sie aber ansonsten alle weiteren Tätigkeiten – wie gesagt, gottesdienstliche Handlungen werden nacheinander, nicht gleichzeitig ausgeführt.

▪◆ Glaubensbekenntnis

Nach der Schrift- oder Evangelienlesung ist in den meisten Gottesdienstabläufen das Glaubensbekenntnis vorgesehen. Ein weiterer, deutlich seltener, aber mindestens ebenso stimmiger Platz wäre im Anschluss an die Predigt – von Paulus stammt der Satz, der Glaube komme schließlich aus der Predigt. Dass die Gemeinde in jedem Gottesdienst gemeinsam ihren Glauben bekennt, ist eine recht junge Einrichtung. Sie stammt aus den Liturgiereformen der Nachkriegszeit, als die Erinnerung daran noch sehr frisch war, dass man während der Nazizeit auch innerhalb der Gemeinde von verhängnisvoll falscher Theologie umgeben war. Dem Führerkult und dem Irrglauben an Rasse und militärische Macht stellt man den Glauben an den dreieinigen Gott entgegen.

Trotz dieses unleugbar interessanten und beeindruckenden Hintergrundes: Das Glaubensbekenntnis ist von Form und Inhalt her weniger theologische Kampfansage an Andersgläubige oder Einschwurformel einer konspirierenden Gemeinschaft, als vielmehr staunend-gläubiges, lobendes Gebet – schließlich endet es auch mit »Amen«.

Das Glaubensbekenntnis sollte die Person einleiten, die gelesen hat. Alles andere ist kaum praktisch durchführbar – denn wann sollten Lektor und Liturgin die Plätze tauschen? Während des Hallelujas widerspricht das dem Grundsatz des Nacheinanders im Gottesdienst, als eigener liturgischer Handlungsschritt verzögert es den Ablauf unnötig, noch dazu an einer atmosphärisch sehr dichten Stelle.

ROLLENKLÄRUNG
Vielleicht gehören Sie zu den gar nicht so wenigen Lektorinnen und Lektoren, die sich davor scheuen, zum Glaubensbekenntnis überzuleiten. Versuchen Sie in diesem Fall, sich klarzumachen, warum das so ist. Wenn Sie Ihre Gründe aufgelistet haben, überlegen Sie, wie tragfähig diese sind. Wenn Sie nicht allein mit Ihren Bedenken sind, wäre das doch außerdem ein gutes Gesprächsthema für den Lektorenkreis.

Die Ankündigung des Glaubensbekenntnisses sollte einladend und frei von unnötigen Informationen und Abgrenzungsformeln gegenüber Andersgläubigen sein. Zum Letzteren gehört, hier steckt der Teufel wieder einmal im Detail, die oft gehörte Wendung, man bekenne »unseren christlichen Glauben«. Welchen Glauben sollte man wohl sonst in einem evangelischen Gottesdienst bekennen? Der Inhalt dieses Glaubens wird zudem ohnehin direkt in den nächsten anderthalb Minuten gemeinsam erklärt. Überlegenswert wäre eine Kurzformel, mit einer deutlichen Hebung der Stimme zum Ende hin, die der Gemeinde signalisiert, dass es gemeinsam weitergeht: »Wir antworten auf die Worte der Schrift und bekennen: ...« Oder: »Wir hören die Schrift und antworten: ...«

Die traditionelle Formulierung ist das so genannte apostolische Glaubensbekenntnis aus dem 5. Jahrhundert. Es spricht einiges für die alten Formulierungen. Nicht jeder und jede Einzelne kann vielleicht immer und zu jeder Zeit jede Formulierung aus vollem Herzen mitsprechen – was man glaubt (und mehr noch: was man öffentlich bekennt) und was einem schwerfällt, ändert sich ja manchmal im Laufe des Lebens. Aber die alten, erfahrungsgesättigten Formulierungen bieten eine Gemeinschaft, die größer ist als unser individueller Horizont und die über manche Phase des Zweifels tragen kann.

Trotzdem spricht natürlich nichts dagegen, zu bestimmten Anlässen ein anderes Glaubensbekenntnis zu sprechen. Einige Vorschläge liefert das Gesangbuch: Zu hohen Feiertagen wird mitunter das ungleich poetischere und theologisch ausführlichere Glaubensbekenntnis von Nicäa und Konstantinopel gesprochen. Weitere, etwas jüngere Texte aus der spezifisch evangelischen Tradition sind etwa Teile aus Luthers kleinem Katechismus oder einzelne Frage-Antworten aus dem Heidelberger Katechismus. Dietrich Bonhoeffers Credo vom Jahreswechsel 1942/43 erfreut sich nicht ohne Grund großer Beliebtheit – auch wenn es im (rheinisch-westfälischen) Gesangbuch leider um einen interessanten Gedanken (»Ich glaube, dass auch unsere Fehler und Irrtümer nicht vergeblich sind, und dass es Gott nicht schwerer ist, mit ihnen fertig zu werden, als mit unseren vermeintlichen Guttaten.«) verkürzt abgedruckt ist.

DEN GLAUBEN FORMULIEREN

Vielleicht kennen Sie andere moderne Glaubensbekenntnisse, die Ihnen zusagen? Schlagen Sie doch einmal ein solches für den Gottesdienst vor. Oder Sie versuchen direkt, ein eigenes zu formulieren. Zunächst einmal nur für sich selbst. Keine Angst, ein Zwang zur Vollständigkeit besteht nicht, und Sie können sich natürlich an einem bestehenden Bekenntnis orientieren. Das wäre auch etwas, das man im Lektorenkreis gemeinsam machen könnte. Vielleicht fallen Ihnen Aspekte ein, die im Apostolicum zu kurz kommen? Und vielleicht kann daraus Material für einen gemeinsam gestalteten Gottesdienst entstehen?

◆ Kollektenansage

Vielerorts wird während des Liedes vor der Predigt die Klingelbeutelkollekte eingesammelt. Dagegen ist nichts zu sagen, im Gegenteil: Seit ihren Anfängen sammelt die christliche Gemeinde in ihren Gottesdiensten über den »Mitgliedsbeitrag« des Zehnten hinaus für Bedürftige in ihren eigenen Reihen oder anderswo, mit denen man sich im Glauben verbunden weiß (2 Kor 8 f.). Damit wird deutlich, dass die Gemeinde sich nicht nur um sich selbst dreht, sondern mit Glaubensgeschwistern und Not leidenden Menschen in aller Welt untrennbar verbunden ist. In unseren Kirchen ist es üblich, sowohl für eigene Projekte als auch für von der Landeskirche vorgegebene Zwecke zu sammeln.

So weit, so gut. Trotzdem hat Hans-Hermann Pompe schon recht: »Die Leidensstrecke der Langeweile im Gottesdienst hat viele Stationen – die Kollektenabkündigung gehört meist zur Spitzengruppe.«[23] Das kann an ihrer Platzierung im Gottesdienst liegen: An einer atmosphärisch dichten Stelle wird der Spannungsbogen fast gewaltsam abgebrochen. Es kann auch an der Art des Vortrags liegen, wenn Kollektenansagen »wie der Bericht eines Vereinskassenwarts klingen«.[24] Das muss nicht automatisch so sein, schließlich gehören Glauben und Handeln untrennbar zusammen. Vielleicht muss das in diesem Zusammenhang noch einmal ausdrücklich gesagt werden. Zum Beispiel in der Einleitung der Kollektenabkündigung. Ergänzen Sie die Standardeinleitung (»Im Klingelbeutel sammeln wir heute ...«) um eine kurze Besinnung: »Ein Mensch ist keine Insel. Eine Gemeinde auch nicht.« Oder: »Glauben und Handeln gehören zusammen. Deswegen sammeln wir in unseren Gottesdiensten für Einrichtungen und Projekte, denen wir uns verbunden fühlen.«

Vor der Ankündigung der folgenden Kollekte wird die Höhe der Kollekte der letzten Gottesdienste bekannt gegeben. Das ist rechtlich so vorgeschrieben, es ist auch gut so, denn die Gemeinde soll wissen, wie viel sie spendet – manchmal sorgt so etwas für positive, manchmal für negative Überraschungen und regt zum Nachdenken an.

Zu der Bekanntgabe der Summe gehört unbedingt der Dank. Der sollte aber direkt ausgesprochen und nicht nur umschrieben werden: »Wir danken für ...« ist eine merkwürdig abstrakte Formulierung (ähnlich wie das allzu oft gehörte »Ich begrüße Sie ...«). Tun Sie es doch einfach, gucken Sie die Anwesenden an und sagen Sie mit einigem Nachdruck und Herzlichkeit (das kriegen Sie auch auswendig hin): »Vielen Dank für die Kollekten letzten Sonntag!« Und formulieren Sie dann einen kleinen Text, der die Spendenbeträge (auch hier ohne Nachkommastellen) kontextualisiert, statt einfach nur eine Liste von Zahlen abzulesen: »Mit 164 EUR konnten wir das Sumpfpumpenprojekt in Eritrea unterstützen, die 78 EUR der Ausgangskollekte kommen unserer Jugendarbeit zugute.«[25]

Der Grundstein für den stimmungsmäßigen Tiefpunkt bei der Kollektenabkündigung ist trotzdem meist schon in der Textgrundlage gelegt: Die vorgegebenen Kollektentexte der Landeskirche sind nicht für das einfache Vorlesen geeignet. Auf kleinem Raum wird möglichst viel Information komprimiert, noch dazu in einer technischen und komplizierten Sprache, die auch dadurch umständlich (und unendlich humorlos) wirkt, dass allen möglichen politischen Korrektheiten und Notwendigkeiten Rechnung getragen werden soll. Für die Auswahl der Wahlkollekten im Presbyterium mag das hilfreich sein, im Gottesdienst stört es.

Bei den landeskirchlichen Kollektenabkündigungen bewähren sich die Redaktionsschritte *Kürzen – Streichen – Konzentrieren – Öffnen*. Im Idealfall geschieht dies bereits im Gemeindebüro, wenn dort die Abkündigungen für den Gottesdienst zusammengestellt werden. Wenn dies aus irgendwelchen Gründen nicht richtig funktioniert, wäre das vielleicht ein Gesprächsthema für den Gottesdienstausschuss oder das Presbyterium.

Das *Kürzen* ist vor allem bei denjenigen Kollektenankündigungen angebracht, die eine Länge von fünf bis sechs Sätzen überschreiten. Gemeint sind dabei, wie sonst auch, nicht grammatisch korrekte Konstrukte, die mit einem Großbuchstaben beginnen und mit einem Punkt enden, sondern solche Einheiten, die die Gemeinde als einen Satz hört – also ungefähr zehn Wörter.[26] Oft lässt sich das Ziel schon erreichen, wenn man einzelne Sätze und Nebensätze *streicht*. Dabei gelten ähnliche Kriterien wie für die Ankündigung der Lesung: Bleiben sollte das, was für die Gemeinde von unmittelbarer Bedeutung ist: Wer bekommt das Geld, und wofür wird es verwendet? Damit wird eine *Konzentration* auf das Wesentliche geschaffen.

Mit der *Öffnung* ist gemeint, dass bei aller Kürzung Raum für eine persönliche Bemerkung bleibt – vielleicht gibt es besondere Verbindungen der Gemeinde oder einzelner Gemeindeglieder zu der Einrichtung oder der Zielgruppe, für die gesammelt wird? Der Verständlichkeit (und der Spendefreudigkeit der Gemeinde) kann es durchaus zuträglich sein, wenn man versucht, den Kollektenzweck in eigenen Worten zusammenzufassen. Eine andere Form der Öffnung wird durch Anschaulichkeit erreicht – wissen die Menschen im Gottesdienst wirklich, was sich hinter den »diakonischen Zwecken der eigenen Gemeinde« verbirgt?

> Kürzen. Streichen. Konzentrieren. Öffnen

Der schon zitierte Hans-Hermann Pompe hat ein ganzes Buch über die Wirkung von Humor beim Werben um Spenden geschrieben. Auch hier lohnt sich ein bisschen Nachdenken bei der Vorbereitung. Sie können zum Beispiel darum bitten, die Orgelmusik nicht unnötig zu stören und statt des lauten Hartgelds lieber einen Schein in den Klingelbeutel zu legen. Wie jeder gute Witz funktioniert jede humorvolle Bemerkung zur Kollekte genau einmal – lassen Sie sich deswegen nicht zu dem Versuch hinreißen, spontan besonders geistreich sein zu wollen, das ist sehr anspruchsvoll und wirkt im schlimmsten Fall nur unfreiwillig komisch.

Falls es noch nicht deutlich genug geworden ist: Eine wirkungsvolle Kollektenabkündigung will sorgfältig vorbereitet und den Bedürfnissen der Gottesdienstgemeinde entsprechend gestaltet werden. All das gilt natürlich auch, wenn die Kollektenansagen an anderer Stelle im Gottesdienst erfolgen.

Wie die liturgischen Bedürfnisse einer Gemeinde aussehen, das hängt damit zusammen, welche Bilder, welche großen Erzählungen ihrem Verständnis vom Gottesdienst zugrunde liegen. Davon wird später noch die Rede sein, zunächst jedoch noch einige Bemerkungen zu anderen moderierten Stellen im Gottesdienst.

◆ Jenseits der Lesung: Begrüßung und Abkündigungen

Begrüßung

Es gibt unterschiedliche Meinungen, wann der Gottesdienst eigentlich genau beginnt. Für manche fängt er mit dem Glockengeläut an, mit dem die Gemeinde zum Gottesdienst gerufen wird. Mit dem Betreten des Gottesdienstraumes oder mit der persönlichen Einkehr, den stillen Augenblicken, bevor man sich auf seinen Platz setzt. Für wieder andere markiert das Orgelvorspiel einen klaren Beginn, aus ganz puristischer Sicht geht es erst mit dem Votum (»Im Namen Gottes des Vaters, des Sohnes und des Heiligen Geistes ...«) so richtig los. Vielerorts wird vor diese liturgische Eröffnung, meist zwischen Orgelvorspiel und erstem Gemeindelied, eine informelle Begrüßung geschaltet, die oft von Lektorinnen und Lektoren oder Presbyterinnen oder Presbytern übernommen wird. Das ist sehr gut so, und gleichzeitig braucht es auch ein wenig Vorbereitung.

> Begrüßungen sollen echt sein, Informationen sinnvoll und Ansagen freundlich

Vieles von dem, was zu den Kollektenansagen und zu anderen Sprechakten im Gottesdienst schon gesagt worden ist, lässt sich auch für die Begrüßung wiederholen. Begrüßungen sollten echt sein, Informationen sollten sinnvoll und notwendig sein, Regieanweisungen sind auf ein Minimum zu beschränken und Verhaltensempfehlungen sollten möglichst wenig bademeisterlich daherkommen. Außerdem stellt sich die Frage, wie mit dem oft in der Begrüßung verlesenen Wochenspruch umzugehen ist. Ein konstruiertes, aber oft ziemlich genauso gehörtes Beispiel:

> »Ich begrüße Sie zum Gottesdienst am heutigen 15. Sonntag nach Trinitatis mit dem Wochenspruch aus 1. Petrus 5,7: All eure Sorge werft auf ihn, denn er sorgt für euch. Den heutigen Gottesdienst hält Pfarrerin Schmitz-Ulmenau, an der Orgel begleitet uns Frau Meyer-Schmidt. Ich wünsche uns einen schönen Gottesdienst.«

Begrüßungen sollen echt sein – das heißt: Ich begrüße die Leute tatsächlich und rede nicht einfach darüber, das tun zu wollen. Also ganz einfach: »Guten Morgen!« oder »Herzlich willkommen!« Wenn Sie das der Gemeinde mit ehrlicher Freundlichkeit wünschen (auch hier können Sie sich ein paar feste Ansprechpartnerinnen suchen, die Sie ansprechen), wirkt und ist das einladender als banale Bemerkungen über das Wetter oder die Anzahl der Gottesdienstteilnehmenden oder nett gemeinte, aber albern klingende Formulierungen wie »ich wünsche uns«.

Dass heute heute und außerdem Sonntag ist, brauchen Sie den Anwesenden nicht zu erzählen. Die Leute werden auch wissen, in welcher Kirche sie sich befinden und wer predigt – wenn das für sie von Relevanz ist, haben sie das sowieso schon im Predigtplan nachgeguckt. Außerdem ist es nicht unproblematisch, wenn schon in der Begrüßung der Gottesdienst, der nach der geltenden Agende »unter der Verantwortung und Beteiligung der ganzen Gemeinde gefeiert wird«[27], zu einer Performance des Predigers oder der Liturgin erklärt wird.

Eine Ausnahme könnte man vielleicht bei Gastpredigerinnen oder Gastpredigern machen, mit einer kurzen Bemerkung, wo diese sonst tätig sind und mit einem unaufgeregten Dank für die Vertretung. Auch hier sollten Sie den oder die Predigende direkt ansprechen und nicht darüber reden, dass die Gemeinde ihr oder ihm dankt.

Ob die Organistin genannt werden muss, darüber kann man sicherlich geteilter Meinung sein – das sollte man mit den Betroffenen klären. Vor allem aber sollte man sie nicht wie im obigen Beispiel zu bloßen Begleitdienstleistern degradieren – die Kirchenmusik ist elementarer Bestandteil gottesdienstlichen Lebens. In manchen bildungsbürgerlich geprägten und gut situierten Gemeinden mit A-Kantorat ist es üblich, die Orgelliteratur, die als Vor- und Nachspiel erklingt, zu benennen. Das mag der Wunsch musikinteressierter Gemeindeglieder sein, das mag auch der Wunsch des Musikers nach Anerkennung sein – es ist aber trotzdem problematisch: An einer entscheidenden Stelle zu Beginn des Gottesdienstes wird das Geschehen unterbrochen mit oftmals sehr langen (und nicht immer einfach auszusprechenden) Informationen, die sich kaum jemand merken kann – und das Orgelspiel im Gottesdienst wird zum Konzert erklärt. Das ist es aber nicht. Besser wäre es hier, solche Angaben auf einer Tafel im Eingangsbereich der Kirche oder auf einem Handzettel zu vermerken.

Der Name des Sonntags braucht nur dann genannt zu werden, wenn er über die Auswahl der Predigttexte hinaus etwas Wesentliches zur inhaltlichen Ausgestaltung des Gottesdienstes beiträgt, also Dinge aus kirchenjahreszeitlichen Gründen anders sind als sonst. Zum Beispiel dann, wenn man den Neujahrstag als *Tag der Beschneidung und Namensgebung Jesu* oder den 14. Sonntag nach Trinitatis als *Mirjamsonntag* begeht.

Oft verbirgt sich hinter dem Drang, dem Gottesdienst einen Namen geben zu wollen, ein pädagogisches Interesse: Die Gemeinde soll den Verlauf des Kirchenjahres nicht nur im gottesdienstlichen Vollzug spüren, sondern auch korrekt bezeichnen können. Gegen liturgische Bildung ist an sich nichts einzuwenden, man kann aber zu Recht fragen, ob die Eröffnung des Gottesdienstes der richtige Ort dafür ist.

Der *Wochenspruch* ist ein ausgewählter Bibelvers, der als Quintessenz der sonstigen biblischen Texte des aktuellen Sonntags die Gemeinde durch die Woche begleiten soll. Wochensprüche sind keine gottesdienstlichen Erfindungen, sondern kulturelles Allgemeingut. Schon im 19. Jahrhundert lernten die Volksschüler Woche für Woche Merksätze auswendig, die NSDAP gab welche heraus, und auch mein Fitnessstudio begrüßt mich montags mit einem motivierenden Kalenderspruch. Der Wochenspruch ist also

> Der Wochenspruch ist kein zwingender Bestandteil des Gottesdienstes

kein zwingend notwendiger Bestandteil des Sonntagsgottesdienstes – es kann gut sein, sich daran zu erinnern, weil er nicht immer zum Inhalt und zur atmosphärischen Gestaltung des Gottesdienstes passt. Wo ein Gottesdienst von anderen Faktoren als dem liturgischen Kalender inhaltlich bestimmt ist, kann man auf den Wochenspruch verzichten.

Wenn er verlesen wird, dann bitte auch hier mit sorgfältiger Vorbereitung und auf jeden Fall ohne Nachkommastelle. Wagen Sie auch, ihn unkommentiert stehen zu lassen, selbst wenn die Versuchung einer Mini-Predigt groß sein kann – immerhin gibt es eine beachtliche Anzahl von Heften und Büchern, die Auslegungen und Einführungen zu den Wochensprüchen liefern. Das Problem ist hier aber oft, ähnlich wie bei den Hinführungen zur Lesung, die schiere Länge. Gerade der evangelische Gottesdienst scheint in der Gefahr zu stehen, ständig zerredet zu werden, weil jede noch so kleine Gelenkstelle wortreich kommentiert und theologisch ausgedeutet wird. Ein kraftvoller Satz wie Jes 42,3 (»Das geknickte Rohr wird er nicht brechen, und den glimmenden Docht wird er nicht auslöschen«) kann aber gut und gern für sich selbst stehen und wirken.

STEHEN LASSEN
Probieren Sie einmal aus, den Wochenspruch einfach kommentarlos an den Beginn der Begrüßung zu stellen, ihn einige Augenblicke nachwirken zu lassen und dann mit einer freien Begrüßung fortzufahren.
Wie empfinden Sie selbst das?
Bitten Sie auch andere Gottesdienstteilnehmende um ihre Rückmeldung.

Thomas Hirsch-Hüffell, der ehemalige Leiter des Gottesdienstinstituts der Nordkirche, schreibt zu dieser Stelle sinnvollerweise: »Ein Maß für die Begrüßung / Eröffnung ist, ob ich sie auswendig sprechen kann. Wer dafür ein Ringbuch braucht, macht sich verdächtig und redet meist beziehungslos und zu viel.«[28]

Trotzdem, oder gerade deswegen, ist es unbedingt empfehlenswert, auch solche scheinbar banalen Dinge wie die Begrüßung vorher schriftlich auszuformulieren – damit zwingen Sie sich selbst zur Klarheit und zur Entscheidung, was Sie sagen wollen und was nicht. Das wird Ihnen auch, selbst, wenn Sie es nicht im Gottesdienst ablesen, dabei helfen, Luthers guten Rat zu befolgen: »Tritt fest auf, mach's Maul auf, hör bald auf!«

> Schriftliches Ausformulieren schafft Klarheit

EINLADUNGEN EINÜBEN
Erarbeiten Sie sich im Lektorenkreis eine Form der Begrüßung, die Ihnen gut über die Lippen und bei den Zuhörenden gut ankommt. Üben Sie zuerst mit einem Partner oder einer Partnerin, indem Sie einander begrüßen. Vielleicht mit Handschlag, vielleicht mit Umarmung. Tauschen Sie sich hinterher darüber aus: Welche Formulierungen, welche nonverbalen Signale führen dazu, dass ich mich willkommen fühle? Sammeln Sie Ihre Eindrücke dann im Plenum und versuchen Sie,

diese bei der Formulierung einer Begrüßung für den Gottesdienst zu berücksichtigen. Probieren Sie in der Gruppe Ihre Begrüßungen aus, geben Sie einander hinterher konstruktives Feedback: Was hat mich angesprochen, worauf kann ich verzichten?

Abkündigungen

Neben den Kollektenansagen gibt es eine Reihe anderer Mitteilungen. Manche dieser Abkündigungen stammen noch aus der Zeit, als der Gottesdienst eine der zentralen Möglichkeiten einer alle Bewohner des Ortes erreichenden Öffentlichkeit darstellte. Da wurde die Gottesdienstgemeinde über alles informiert, das von allgemeinem Interesse war – bis hin zur Mitteilung, dass der Scherenschleifer im Ort war.[29] Erhalten haben sich davon vor allem innergemeindliche Terminansagen über die regelmäßigen oder unregelmäßigen Angebote der kommenden Woche.

Wieder andere folgen der statistisch nicht belegbaren Annahme, dass der Gottesdienst der Ort sei, an dem sich die gesamte Kirchengemeinde versammelt. Deswegen müssen entscheidende Pfarr- oder Presbyteriumswahltermine und -ergebnisse im Gottesdienst abgekündigt werden (sie müssen aber nicht zwingend behördensprachlich mit »Der Gemeinde ist Folgendes mitzuteilen ...« eingeleitet werden). Schließlich gibt es die Personalnachrichten, die Kasualabkündigungen, die über Freud und Leid aus der Mitte der Gemeinde berichten.

Von den zahlreichen Abkündigungen scheinen vor allem die Letzteren die größte Akzeptanz zu erfahren. Der beste Ort dafür ist unmittelbar vor den Fürbitten – denn diese Informationen dienen ja vor allem dem Zweck, der Gemeinde mitzuteilen, wen sie in der nächsten Zeit in ihr Gebet einschließen soll: »Menschen-Schicksale und Fürbitte sind inhaltlich und formal im Gottesdienst eine Einheit. In der Fürbitte nehmen wir uns Zeit für Schicksale und Verhältnisse. (...) Wir zeigen unsere Begrenztheit, indem wir unsere Kraftlosigkeit an Gott überweisen. (...) Das braucht Zeit und Raum, sonst wirkt es nicht.«[30]

Die anderen Mitteilungen fristen meist ein etwas stiefmütterliches Dasein, weil sie im spannungsvollen Ablauf des Gottesdienstes einen Bruch darstellen. Das muss nicht zwangsläufig so sein, es gibt durchaus Abkündigungen, die Verkündigungscharakter haben – dazu können zum Beispiel Nachrichten über das Leben in der Partnergemeinde gehören. Dinge also, die wieder deutlich machen: Menschen sind keine Inseln, Christenmenschen erst recht nicht.

> Freud und Leid sind vor den Fürbitten gut aufgehoben

Manchmal gibt es Kanzelabkündigungen kirchenleitender Persönlichkeiten, die ein evangelisches Wort zur sozialen oder politischen Lage sagen (unter uns gesagt: Auch hier kann man oft kürzen ...). Wenn es solche Nachrichten nicht gibt, sollte man den Teil des Gottesdienstes nicht durch vereinsmeiernde Mitteilungen künstlich aufblähen. Die Gruppen und Kreise kann jede Interessierte im Gemeindebrief oder im Internet nachlesen.

Auf Veranstaltungen außer der Reihe kann hingewiesen werden, allerdings sollten sie auch knapp bleiben: Es reicht zu erwähnen, dass die Kantorei das Weihnachtsoratorium aufführt. Niemand muss in diesem Zusammenhang erfahren, wer dabei die Triangel spielt. Meist werden die Texte für solche Ankündigungen von den Beteiligten eingereicht. Auch hier gelten die bewährten Schritte: Kürzen – Streichen – Konzentrieren – Öffnen. Wenn das oft nötig ist, sollten sich alle Beteiligten vielleicht einmal in Ruhe zusammensetzen – ausufernde Veranstaltungswerbung kann manchmal auch ein Anzeichen dafür sein, dass die Urheber zu wenig Anerkennung für ihre Arbeit erfahren. Die sollten sie bekommen, allerdings

> Ausufernde Abkündigungen können Zeichen mangelnder Anerkennung sein

sind die Abkündigungen nicht der richtige Ort dafür, weil sie keine Leistungsschauen sind.

Wenn Veranstaltungen beworben werden, sollten es pro Gottesdienst nicht mehr als drei sein – mehr kann sich kein Mensch merken. Der Vorrang sollte dabei denjenigen Veranstaltungen zukommen, die für die Anwesenden von besonderer Relevanz sind, weil sie zeitgebundene Besonderheiten darstellen. Dazu gehört zum Beispiel ein neuer Kreis, der in der nächsten Woche startet. Oder der im Anschluss an den Gottesdienst stattfindende Kartenvorverkauf für besagtes Weihnachtsoratorium. Solche Auswahlkriterien sollten für alle Beteiligten transparent sein, damit deutlich wird, dass es sich nicht um eine inhaltliche Bewertung handelt. Sie merken: Hier werden unweigerlich Fragen an die gemeindliche Unternehmenskultur gestellt – ein Grund mehr, die Abkündigungen nicht zu unterschätzen.

Vermeiden Sie die oft zu hörenden stereotypen Einleitungen oder Abschlüsse wie »Wir laden herzlich ein zu ...« Und bitte auch seltsame, gleichermaßen übergriffige wie beziehungslose Kirchensprechweise wie »Lassen Sie sich einladen!«[31] Machen Sie es wie bei der Begrüßung: Sagen Sie lieber am Ende der Abkündigungen freundlich »Herzlich willkommen!« oder »Wir freuen uns, wenn Sie dabei sind!«

> Abkündigungen sind keine Leistungsschauen

Manchmal macht's die Reihenfolge

In manchen Gemeinden ist es üblich, die gesamte Mitteilungslitanei im unmittelbaren Anfangsteil des Gottesdienstes unterzubringen. Richtig gute Gründe gibt es dafür nicht (und die meist nur hinter vorgehaltener Hand weitergeflüsterte Begründung, man wolle es halt schnell hinter sich bringen, ist keine gute). Es ist und bleibt eine stimmungsmäßige Vollbremsung. Aber vielleicht dauert es noch ein wenig, bis Ihre Gemeinde das auch so erkannt hat, und noch ein wenig länger, bis der Ablauf des Gottesdienstes mal wieder Thema in den entsprechenden Gremien ist. Bis dahin können Sie sich mit ein paar Nachjustierungen behelfen, und die betreffen vor allem die Reihenfolge der einzelnen Teile. Eine erste Möglichkeit, die zum Beispiel in Schweden gang und gäbe ist: Packen Sie die Abkündigungen und alles Vorgeplänkel vor das Orgelvorspiel statt dahinter. Wenn Ihre Gemeinde schon entschieden hat, dass das buchstäblich Randgeschichten sind, sollte man das auch konsequent so handhaben. Um nicht die Stille vor dem Gottesdienst ganz zu verlieren, die manchen Menschen sehr wichtig ist (Sie erinnern sich: Wann der Gottesdienst anfängt, wird unterschiedlich empfunden), könnten Sie die Abkündigungen mit einem Gebet oder einem Moment der Stille beenden. Dann weiß die Organistin auch, wann sie spielen kann.

Nehmen wir jetzt an, Ihr Abkündigungsblock im Eingangsteil besteht aus: *Begrüßung, Wochenspruch, Termine, Beerdigungen/Taufen, Liedansage.* Dann wäre genau die Reihenfolge nicht unbedingt die ideale. Mit der Begrüßung geht es irgendwie los, den Wochenspruch versteht kaum einer so richtig, aber er klingt heilig und nach Bibel und Kirche und dient so der Einstimmung auf den Gottesdienst. Aus diesem Gefühl werden alle aber sofort wieder rausgerissen, weil erst noch die Vereinsnachrichten kommen. Und kaum sind die verklungen, wird es ernst, weil wir von Menschen hören, die in der letzten Woche an Wendepunkten ihres Lebens begleitet wurden. Wer dann noch das Lied auf Anhieb aufschlagen kann …

Versuchen Sie es einmal andersherum: Lassen Sie den Wochenspruch probeweise weg. Fangen Sie an mit einem freundlichen »Guten Morgen!« Erzählen Sie dann der Gemeinde, was alles Tolles ansteht. Lassen Sie die Personalnachrichten an der Stelle weg, die gehören vor die Fürbitten. Ersparen Sie danach sich und der Gemeinde das beliebte protestantische Sonntagsbingo, sagen Sie also nicht: »Wir singen jetzt das Lied Zweihundertfünfundsechzig, die Strophen eins, drei, fünf und sechs.« Es reicht, wenn Sie einfach die Titelzeile, die ja oft schon eine Glaubensaussage ist, nennen und danach auf die Liedtafel blicken (ohnehin ein Geheimtipp für Liedansagen). Wenn Sie das Ganze vor dem Orgelvorspiel sagen, können Sie stattdessen den Wochenspruch vorlesen. Der kann dann während der Musik noch nachklingen. Richtige Optimallösungen sind das alles nicht, eher Vorschläge, die Sie dazu animieren sollen, die Dinge nicht einfach so zu nehmen, wie sie angeblich sind.

Hoffentlich ist Ihnen deutlich geworden, dass auch die Abkündigungen sorgfältig vorzubereiten sind – es lohnt sich! Richtige Patentrezepte gibt es dabei nicht, dafür hängt die Stimmigkeit gottesdienstlicher Sprechakte von zu vielen Faktoren ab. Unter anderem davon, was die Ausführenden und die Mitfeiernden eigentlich unter »Gottesdienst« verstehen.

> Dinge nicht einfach nehmen, wie sie angeblich sind

◆ *Theologischer Ausflug: über den Gottesdienst*

In der Bibel werden ganz verschiedene Formen gemeinsamer religiöser Erfahrung geschildert: Da ist das Volk Israel auf der Reise durch die Wüste. Und später im prächtigen Tempel, mit klaren Rollen und einem reich ausgeschmückten Ritualschatz, dort, wo auch viele Psalmen ihren Sitz im Leben haben. Dann wieder ganz ohne jede Feierlichkeit in der Fremde, an den Flüssen Babylons. Dann nach der Rückkehr in die Heimat im wiederaufgebauten Tempel, wo auch die ersten Christinnen und Christen in Jerusalem, sofern sie vorher Juden gewesen waren, am Gottesdienst teilnahmen. Die Christen trafen sich jedoch auch außerhalb des Tempels in den Synagogen und privaten Häusern, brachen das Brot und lasen aus den Briefen der Apostel und Geschichten vom Leben Jesu, die in der zweiten Hälfte des ersten Jahrhunderts unter den Gemeinden die Runde machten. Gegen Ende des ersten Jahrhunderts wurden die Christen aus den Synagogen ausgeschlossen (vgl. Johannes 9,22), im Laufe des nächsten Jahrhunderts entstanden eigenständige und regional unterschiedliche Traditionen rund um ein gemeinsames Kerngeschehen. Die beginnende Vervielfältigung des gottesdienstlichen Lebens lässt sich schon im Neuen Testament beobachten – es spricht also einiges dafür, die Verschiedenheit der Gemeinden, die Vielfalt der Konfessionen und Traditionen nicht als Unfall der Kirchengeschichte, sondern als buntes Geschenk zu betrachten.

Das Brotbrechen als rituelle Handlung wurde bereits recht früh von einem »echten« Sättigungsmahl getrennt (wahrscheinlich auch, weil es zu praktischen Problemen führte) und im Laufe des Mittelalters durch dramaturgisch gestaltete und mystisch aufgeladene Elemente vorbereitet und umgeben, die für ungebildete Gottesdienstteilnehmende wie Zauberei ausgesehen haben mögen – der Zauberspruch *Hokuspokus* geht auf die missverstandenen oder verballhornten lateinischen Einsetzungsworte »*Hoc est corpus meum – dies ist mein Leib*« zurück.

Martin Luther hielt im Wesentlichen an der Messe fest, ersetzte Latein durch Deutsch und behielt ansonsten das bei, was ihm nicht aus theologischen Gründen unpassend erschien. Bis heute finden sich in der agendarischen *Grundform I* des evangelischen Gottesdienstes Spuren eines sorgsam gestalteten Wegs hin zum geheimnisvollen Allerheiligsten.

1530 legten Luthers Mitstreiter auf dem Augsburger Reichstag ein Bekenntnis (*Confessio Augustana*) ab, in der sie in ökumenischer Weitsicht festhielten: Es »genügt zur wahren

Einheit der christlichen Kirche, dass das Evangelium einträchtig im reinen Verständnis gepredigt und die Sakramente dem göttlichen Wort gemäß gereicht werden. Und es ist nicht zur wahren Einheit der christlichen Kirche nötig, dass überall die gleichen, von den Menschen eingesetzten Zeremonien eingehalten werden.«[32] Strengere Zeitgenossen Luthers griffen stärker in den Gottesdienst ein, und so entwickelte sich in reformierten Gebieten eine nüchternere Form. Ein Zelt in der Wüste, ein prächtig geschmückter Tempel oder eine himmelwärts strebende Kathedrale, ein Privathaus mit großem Esstisch – in einem dieser Bilder werden Sie sich wahrscheinlich gottesdienstlich beheimatet fühlen. Eins dieser Bilder stand deutlicher im Hintergrund, als in Ihrer Gemeinde ein liturgischer Ablauf entworfen wurde. Das hat Auswirkungen darauf, welche Anforderungen und Bedürfnisse an die Gestalt eines Gottesdienstes gerichtet werden – etwa im Blick darauf, wie viele fremde, bewusst vom Alltagsleben unterschiedene Elemente ein Gottesdienst enthalten darf oder sogar muss. Auch Ihr eigenes Verhalten, wie Sie sprechen, sich in der Kirche bewegen, was Sie von einem »guten Gottesdienst« erwarten, hängt davon ab, ob Sie einen »Weg im Geheimnis«[33] beschreiten wollen, ob Sie Gemeinschaft suchen, die über das hinausgeht, was im Alltag erlebbar ist, oder ob Sie in den Liedern, Texten und Gesten der Liturgie die Botschaft von der befreienden Gnade Gottes fühlen, hören und sehen möchten.[34] Keine dieser Formen ist »wahrer« oder »besser« als die anderen, aber man sollte sich bewusst sein, welchen Typ, welches Bild eines Gottesdienstes man selbst bevorzugt – und dass diese Form eben nicht alle gleich gut finden. Praktische Hilfe für das Gespräch über verschiedene Einstellungen zum Gottesdienst bekommen Sie am Ende dieses Buches.

UMGANG MIT STÖRUNGEN

»Unterbrechung
ist die kürzeste Definition
von Religion.«
(Johann Baptist Metz)

In der Pädagogik unterscheidet man seit geraumer Zeit Unterrichtsstörungen nach ihren Ursachen. Im Hintergrund dieser Erkenntnisse stand die Einsicht, dass nicht jedes Störverhalten damit zusammenhängt, dass Schülerinnen und Schüler schlecht erzogen oder lernunwillig sind. Im Unterricht kann es zu Konfliktsituationen kommen, die vom Lehrer herbeigeführt werden, zum Beispiel durch unklare Arbeitsanweisungen. Oder zu solchen, die in der Organisation begründet sind, wenn Schülerinnen und Schüler unkonzentriert sind, weil ihnen am frühen Nachmittag nach vier Unterrichtsstunden ohne Pause schlicht die Puste ausgeht.

Solche Störungen sind auch im Gottesdienst denkbar. Wenn die aus disziplinarischen Gründen auf die vorderen Bänke zitierten Konfirmandinnen unablässig kichern, mit ihren Smartphones spielen oder sich unterhalten, dann kann das natürlich daran liegen, dass sie keinen Respekt vor dem Heiligen haben, an religiösen Dingen desinteressiert sind und nicht wissen, wie »man« sich in einer Kirche verhält. Es könnte aber auch daran liegen, dass der Gottesdienst kein einziges Element enthält, das ihren Bedürfnissen und Kommunikationsgewohnheiten entgegenkommt. Dann aber ist das nicht unbedingt das Problem der Konfir-

> Prävention ist wirkungsvoller als Reaktion

mandinnen. Wenn es hier zu anhaltenden und sich wiederholenden Konfliktsituationen kommt, ist die Gemeindeleitung gefragt – Prävention ist wichtiger und wirkungsvoller als Reaktion.

Das Entlastende und zugleich Bedrückende an solchen Einsichten: Es gibt bestimmte Störungen, gegen die Sie als Lektorin oder Lektor in der akuten Reaktion nicht viel machen können. Sie können versuchen, ein Symptom zu unterdrücken, an die Ursache aber müssen andere ran.

STÖRUNGEN AUSMACHEN?

Nehmen Sie sich Zeit, allein oder im Lektorenkreis oder mit anderen Menschen, die öfters mal im Gottesdienst sind. Fallen Ihnen Störungen oder Irritationen ein, die ein Dauerthema sind? Wenn ja, dann ist eine strukturelle Ursache anzunehmen – höchste Zeit für ein Gespräch mit den Verantwortlichen.

Ein zweites Grundsätzliches: Sie sind ja nicht allein im Gottesdienst. Idealerweise ist vorher geklärt, wer während welcher Teile im Gottesdienst und an welchen Orten im Kirchraum Kopf und Hände frei hat, um manchen Störungen entgegenzuwirken. Wenn das nicht geklärt ist, dann wäre das ein Grund, einmal alle für den Gottesdienst Mitverantwortlichen (das heißt auch und vor allem Küsterin oder Küster) an einen Tisch zu bringen und ein paar Szenarien durchzuspielen.

Nach so viel Vorrede eine erste praktische Grundregel, die bei allen Störungen hilfreich und deshalb im Gedächtnis zu behalten und einzuüben ist: Bewahren Sie Ruhe. Klingt banal, wirkt aber Wunder, denn: Wenn Sie vorne stehen, überträgt sich Ihre Grundstimmung auf die Anwesenden. Sind Sie hektisch, wird auch die Gemeinde unruhig. Wenn Sie dagegen Ruhe, Gelassenheit und Konzentration ausstrahlen, fällt es der Gemeinde leichter, sich auf das Hören einzulassen. Stellen Sie sich einen Taufgottesdienst vor, in dem nicht nur ein sehr junger und sich daher wenig um gesellschaftliche Konventionen scherender Täufling, sondern auch weitere Kinder im Säuglingsalter oder knapp darüber befinden. Mitten in der Predigt oder in der Lesung fängt der Täufling an zu schreien. Sie sind für den Moment irritiert, verhaspeln sich, beginnen den Satz von vorne. Einige Leute in der Kirche beginnen, unruhig auf ihren Sitzen hin und her zu rutschen. Der Säugling schreit weiter, die Mutter beginnt, beruhigend auf ihn einzureden. Ein, zwei weitere Kinder beginnen ebenfalls zu schreien. Eine ältere Dame hinten in der Kirche macht ihrem Unmut Luft: »Unmöglich«, schnaubt sie weit hörbar. Widerstehen Sie in Momenten wie diesem dem Impuls, schneller zu sprechen, um die unangenehme Situation möglichst schnell hinter sich zu bringen. Das erhöht nicht nur das Risiko weiterer Versprecher, es sorgt auch für noch mehr Unruhe, die sich auf die Anwesenden überträgt. Mit Ihrem souveränen Umgang signalisieren Sie außerdem anderen, die sich gestört fühlen, dass es keinen Zweck hat, sich aufzuregen. Atmen Sie lieber einmal tief durch.

> Ruhe bewahren!

Manchmal hilft Taufeltern, die ihr Kind in der akuten Situation nicht beruhigen können, der Hinweis, dass sie mit ihm ruhig den Raum verlassen können, bis es sich wieder beruhigt hat. Das trauen sich nämlich viele, vor allem kirchenferne Eltern nicht unbedingt. Die Unterbrechung des gottesdienstlichen Ablaufs und die direkte Ansprache der/des Störenden und seiner Erziehungsberechtigten sollten aber das absolut letzte Mittel sein, weil sie die Störung ins unverdiente Zentrum stellen – und weil es für die Betroffenen sehr unangenehm sein kann. Besser ist es, wenn so etwas schon vorher mitgeteilt wurde.

> Bademeisteransagen gehören nicht in den Gottesdienst

Überhaupt: »Bademeisteransagen« darüber, was man darf und nicht darf, gehören nicht in den Gottesdienst.

Genug der Vorrede. Die folgenden Beispiele und Tipps beziehen sich auf solche Arten von Störungen, die Sie selbst beeinflussen, das heißt entweder leicht vermeiden oder ebenso leicht beseitigen können. Denken Sie sich bei allen die Grundregel dazu: Ruhe bewahren, auch und gerade, wenn es schwerfällt. Und machen Sie sich klar: Niemand nimmt Ihnen übel, wenn Ihnen ein Missgeschick passiert. Kein Mensch ist perfekt. Sie nicht, und niemand anderes, der mit Ihnen im Gottesdienst sitzt. Und noch etwas: Die hier dargestellten kleinen Pannen lassen sich mit großer Wahrscheinlichkeit vermeiden, wenn Sie bei allem, was Sie tun, ganz bei der Sache sind, also nicht gedanklich abschweifen. Manchmal muss man sich selbst daran erinnern.

◆ Stolpern auf dem Weg zum Pult ...

... lässt sich schon dadurch vermeiden oder das Risiko zumindest verringern, indem Sie Hektik vermeiden, sich gemessenen Schrittes durch den Kirchraum bewegen und während des Gehens nicht mit anderem beschäftigt sind, also nicht schon in der Bibel blättern oder in Gedanken ganz woanders sind.

Wenn es dennoch passiert und es sich nur um ein kurzes Stolpern handelt, nach dem Sie sich leicht wieder fangen – tun Sie gar nichts. Gehen Sie ruhig Ihren Weg zu Ende und nehmen Sie Ihren Platz vorne ein. Niemand wird es Ihnen übelnehmen, es gibt keinen Grund, den Verlauf dafür zu unterbrechen. Wenn das Straucheln etwas dramatischer ausfällt, Sie ein paar Schritte lang stolpern oder sogar kurz hinfallen – auch das nimmt Ihnen niemand übel, die Leute machen sich höchstens Sorgen um Sie. Wenn es nicht weiter schlimm ist, hilft der gute alte Tipp: aufstehen, Krone richten, weitergehen. Wenn Sie vorne stehen, schauen Sie die Gemeinde freundlich an – meist reicht das als Signal: Keine Sorge, mir geht es gut. Wenn Sie allzu große Besorgnis in den Gesichtern sehen, nicken Sie ihnen freundlich zu und sagen Sie, wenn Sie das Gefühl haben, etwas sagen zu müssen, einfach: »Wir machen weiter mit der Lesung.« Damit signalisieren Sie der Gemeinde, dass das Thema für Sie beendet ist. Widerstehen Sie der Versuchung, irgendetwas Lustiges zu sagen, um die (wahrscheinlich nur von Ihnen so empfundene) Peinlichkeit zu überspielen und die Situation zu entkrampfen – das ist schlichtweg nicht nötig.

Wenn Sie stolpern, hinfallen und aus eigener Kraft nicht mehr aufstehen können, werden sich sowieso andere Leute kümmern – um Sie und um den Fortgang des Gottesdienstes. Machen Sie sich darüber keine Sorgen.

▶ Buch vergessen …

… kann man mal. Es kann jedem passieren: Sie gehen nach vorn und stellen fest, dass Sie Ihre Bibel oder Ihren Ausdruck vergessen haben. Wenn Ihnen das unterwegs einfällt, machen Sie kehrt und holen Sie es. Widerstehen Sie dem Drang, jetzt schneller zu gehen – bleiben Sie ruhig und gehen Sie im normalen Takt zurück und weiter. Falls Ihnen das einfällt, wenn Sie schon vorne stehen, sagen Sie kurz: »Einen Moment, bitte«, und holen Sie, was Sie vergessen haben.

Natürlich auch hier: In normaler Geschwindigkeit und ganz entspannt. Sonst passiert es Ihnen womöglich, dass Sie in der Hektik (s. o.) stolpern, und dann sind Sie wahrscheinlich so durcheinander, dass Sie sich in der Lesung auch noch verhaspeln.

▶ Versprecher …

… sind auch von Profisprecherinnen und -sprechern gefürchtet, aber sie passieren nun einmal. Der schon einmal zitierte Michael Roissié weist darauf hin, dass Hörerinnen und Hörer es gar nicht so schlimm finden, wenn nicht alles technisch zu 100 % perfekt läuft. Er gibt außerdem den Tipp, sich im Vorhinein darauf vorzubereiten.[35]

(NICHT) VOM SCHLIMMSTEN AUSGEHEN
Setzen Sie sich in einer stillen Stunde hin und malen Sie sich in allen Einzelheiten aus, was passieren würde, wenn Sie sich verhaspeln: Wie würden Sie sich fühlen? Wie würden Ihre Zuhörerinnen und Zuhörer reagieren? Was geht in Ihnen vor, wenn jemand anderem so etwas passiert? Wahrscheinlich werden Sie am Ende feststellen: Die Welt wird nicht untergehen. Das hilft, entspannter der Lesung entgegenzusehen.

Das Risiko lässt sich wiederum vermindern, indem Sie a) gedanklich bei der Sache sind, b) den Text gut vorbereiten und c) Ihre Stimme vor Gebrauch aufwärmen. Wenn es dennoch passiert, und mit großer Wahrscheinlichkeit wird es Ihnen irgendwann einmal passieren: Korrigieren Sie sich, und machen Sie kommentarlos weiter. Damit helfen Sie Ihren Zuhörerinnen und Zuhörern, nach einer kurzen Irritation wieder in den Fluss des Hörens zurückzufinden. Gehen Sie auch innerlich weiter, halten Sie sich in Gedanken nicht bei Ihrem Versprecher oder Ihrem Gefühl dabei auf, während Sie schon weiterlesen – so verringern Sie das Risiko eines weiteren Versprechers.

VON PROFIS LERNEN
Auch den Profis bei der Tagesschau passieren Versprecher. Im Internet gibt es eine Reihe von Videos, in denen solche Szenen schadenfroh hintereinandergeschnitten sind. Sehen Sie sich ein solches Video in einer ruhigen Minute an, lachen Sie herzhaft und achten Sie darauf, wie die Nachrichtensprecherinnen und -sprecher damit umgehen.

▪◆ Kratzen im Hals und andere Stimmstörungen ...

... lassen sich durch das Aufwärmen der Stimme weitestgehend vermeiden. Wenn Sie ernsthaft krank sind, sollten Sie ohnehin nicht lesen. Wenn Sie merken, dass Sie mitten im Text plötzlich einen trockenen Hals bekommen, bewahren Sie die Ruhe. Atmen Sie in der nächsten Sprechpause tief durch, sammeln Sie währenddessen etwas Speichel im Mund und schlucken Sie ihn hinunter, meistens reicht das, um den doch relativ kurzen Lesungstext gefahrlos hinter sich zu bringen.

Wenn Sie einen akuten Hustenanfall bekommen, versuchen Sie nicht, ihn zu unterdrücken – das klappt meistens eh nicht. Treten Sie einen Schritt vom Mikrofon zurück, drehen Sie den Kopf zur Seite und husten Sie ein-, zweimal kräftig. Wenn Sie dann die Lesung wieder aufnehmen, können Sie sich kurz entschuldigen (mehr aber auch nicht) und dann den abgebrochenen Satz oder Sinnabschnitt von Neuem beginnen.

▪◆ Zwischenrufe ...

... kommen ab und zu vor, glücklicherweise aber relativ selten: Sie beginnen die Lesung, und ein älteres Gemeindeglied, meist aus einer der hinteren Bankreihen, ruft laut und vernehmlich, vielleicht mit Unterstützung einer Sitznachbarin: »Lauter!« Bleiben Sie ruhig, wenn die Bitte besonders vehement vorgetragen wurde, können Sie kurz (wirklich nur kurz und nur hier) aufschauen und freundlich in Richtung des Zwischenrufers blicken oder nicken – damit signalisieren Sie, dass der Wunsch angekommen ist.

Nehmen Sie den Zwischenruf nicht als Kritik, sondern als Anregung, verstärkt auf ein angemessenes Tempo und eine deutliche Aussprache zu achten – diese sind meist entscheidender als das Klangvolumen, das natürlich gerade zum Satzende hin nicht unnötig abfallen sollte. Eine bewusst deutliche Artikulation sorgt außerdem für eine ausdrucksvollere Mimik, auch das unterstützt das Verstehen. Lassen Sie sich jedoch nicht dazu hinreißen, lauter sprechen zu wollen, als es für Sie stimmlich ohne Probleme zu bewerkstelligen ist. Sie können nur das geben, was Sie in dem Moment haben. Und gerade bei älteren, höreingeschränkten Menschen ist von mehreren Faktoren abhängig, ob sie das Gelesene verstehen können oder nicht: Mikrofon und Lautsprecheranlage müssen einwandfrei funktionieren und aufeinander und auf den Raum abgestimmt sein. Eventuelle Hörgeräte müssen ordentlich eingestellt sein und vor allem getragen werden, außerdem ist die Akustik in Kirchräumen oft an verschiedenen Stellen unterschiedlich gut. Vielleicht erinnern Sie sich an das Kapitel zum Thema »Technik«: Bei bekannten technischen Schwierigkeiten können diese vor dem Gottesdienst erwähnt und die Zuhörenden an ihre eigene Verantwortung erinnert werden. Dies kann schon bereits in der Begrüßung geschehen:

»Es gibt einige bekannte Probleme mit der Lautsprecheranlage, die wir Sprechenden von hier vorne nur schwer einschätzen können. Wir tun unser Bestes, brauchen aber auch Ihre Mithilfe: Wenn Sie im Gottesdienst Schwierigkeiten haben, das Gesagte zu verstehen, geben Sie uns bitte kurz ein Handzeichen, dann versuchen wir, Abhilfe zu schaffen.«

HÄUFIG GESTELLTE FRAGEN

Das folgende Kapitel ist den Fragen gewidmet, die in Lektorenworkshops immer wieder gestellt werden und denen bisher keine besondere Aufmerksamkeit zugekommen ist. Zum Abschluss also: ein Kessel Buntes.

◆ Was ist, wenn ich den Text nicht mag?

Manchmal passiert es, dass einem der Zufall oder die Perikopenordnung oder wer auch immer einen Textabschnitt auf Schreibtisch, Lesepult oder Kanzel flattern lässt, der auf den ersten Blick rätselhaft, nichtssagend, verstörend oder ärgerlich erscheint. Das passiert Pfarrerinnen und Pfarrern genauso wie Lektorinnen und Lektoren.

Hier ist es zunächst hilfreich, sich zu fragen: Was genau stört oder ärgert mich? Beim ersten Eindruck handelt es sich dabei oft um komplizierte Satzstrukturen oder bestimmte theologische Reizworte. Hier lohnt es sich, sich dem Text in aller Ruhe auszusetzen, auf die inhaltliche Vorbereitung besonders viel Zeit zu verwenden – vielleicht sagt Ihnen der Text nach einigen Tagen der Auseinandersetzung, vielleicht sogar des Ringens, etwas anderes, als Sie das nach dem ersten Drüberlesen vermutet hätten.

Aus eigener Erfahrung kann ich Ihnen sagen, dass ich durch das Predigen über Texte, die mir zunächst fremd waren (und es vielleicht auch geblieben sind) durch die Bank mehr gelernt und mich stärker verändert habe als durch Predigten über Texte, die mich spontan ansprechen, über die ich meine, Bescheid zu wissen. Allerdings: Pastorinnen und Pastoren haben noch die letzte Möglichkeit, bewusst »gegen den Text« zu predigen, bestimmten theologischen Deutungsmustern andere biblische Traditionen entgegenzustellen. Diese Möglichkeit haben Sie als Lektorin oder Lektor nicht.

Wenn es Ihnen also trotz gewissenhafter Vorbereitung nicht möglich ist, eine positive Grundhaltung zu »Ihrem« Text zu entwickeln (und eine solche braucht es, um überzeugend lesen zu können) oder wenn der Text Sie an irgendeiner Stelle »triggert«, also traumatische Erinnerungen wachruft, dann bitten Sie um einen anderen Text, oder bitten Sie jemand anderes, die Lesung für Sie zu übernehmen. Natürlich möglichst frühzeitig.

◆ Muss ich hochdeutsch lesen?

Manche Lektorinnen und Lektoren sind unsicher, wenn ihre gesprochene Sprache deutliche regionale Einflüsse hat. Gegen reinen Dialekt spricht aus theologischer Sicht nichts, wie die seit den 1970er Jahren immer beliebteren Mundartgottesdienste deutlich machen – aus praktischen Gründen sollten zwei Problemkomplexe zumindest in Erwägung gezogen werden: Zum einen ist da die Frage nach der Verständlichkeit. Nicht alle Hörerinnen und Hörer verstehen reinen Dialekt oder starke mundartliche Einflüsse. Das ist das geringere Problem, da die textliche Grundlage der Lesung ja in erster Linie eine hochsprachliche Bibelübertragung ist, man spricht also höchstens »Hochdeutsch mit Knubbeln«, wie man im Rheinland sagt.

Eine weitere Problematik liegt in den atmosphärischen und genretypischen Assoziationen: Viele Menschen kennen (leichten) Dialekt vor allem aus humoristischen Fernsehsendungen, das Adenauerkölsch des Millowitschtheaters, das abgeschliffene Plattdeutsch der Ohnsorg-Truppe, das medienwirksam vereinfachte Bayrisch diverser Komödienstadl oder das Rheinhessische der Mainzer Fernsehfastnacht. Damit ist nicht gesagt, dass man in der Kirche nicht lachen dürfte, aber man sollte sich der potenziellen Wirkung bewusst sein.

Grundsätzlich spricht aber nichts dagegen, wenn man Ihnen Ihre Herkunft anhört – sofern Ihre Mundart nicht so stark ist, dass sie dem Verständnis des Gehörten entgegensteht. Vor allem sollten Sie sich bei der Vorbereitung der Lesung zwar um verständliches Deutsch bemühen, sich aber von mundartlichen Resten nicht übermäßig stressen lassen. Wenn Sie nicht aus Hannover stammen oder in Ihrem Elternhaus konsequent Hochsprache gesprochen wurde, kriegen Sie tiefsitzende regionalsprachliche Muster sowieso nicht ohne intensives logopädisches Training raus. Und in der Postmoderne, in der Zuhörende vor allem nach Authentizität und Echtheit fragen, wird man Ihnen dankbarer sein, wenn Ihre Persönlichkeit im Vortrag durchscheint, als wenn Sie mit viel Mühe einen zwar hochsprachlich korrekten Text präsentieren, der aber bemüht, gestelzt und unnatürlich daherkommt.

◆ Was, wenn ich einen Sprachfehler habe?

Ähnliches gilt für eventuelle Sprechstörungen. Das allein ist kein Grund, nicht öffentlich vom Glauben zu sprechen – denken Sie nur an Moses, der sich mit dem Hinweis darauf vor seiner Berufung drücken wollte (Ex 4,10), oder an Paulus, der wahrscheinlich auch einen Sprachfehler (2Kor 11,6) hatte. Auch bei Philipp Melanchthon, dem großen Mitstreiter Martin Luthers, geht die Forschung mittlerweile davon aus, dass er an einem deutlichen Sprachfehler litt.

Wenn Sie eine leichte Sprechstörung haben, ist das noch kein Grund, warum Sie nicht vorlesen sollten, sofern Sie selbst damit kein Problem haben. Bei manchen Texten, in denen es um die Brüchigkeit des Lebens und Glaubens geht, kann eine leichte Störung sogar außerordentlich sympathisch und eindrücklich wirken. Auch hochtrabende Hymnen können so eine reizvolle und heilsame Erdung erfahren. Problematisch wird es erst dann, wenn der Sprachfehler so stark ist, dass er das Verstehen behindert. Aber dann sollten Sie ohnehin logopädische Hilfe in Anspruch nehmen, weil Ihnen das wahrscheinlich auch im Alltag Schwierigkeiten einbringt und Sie belastet.

Ein wenig anders liegt die Sache auch bei schwerwiegenden Stimmstörungen – im Kapitel über Atem und Stimme wurde ja bereits angedeutet, dass Stimmstörungen sich negativ auf Konzentration und Verständnisfähigkeit der Zuhörenden auswirken. Aber auch dann können Sie von sprachtherapeutischer Arbeit nur profitieren – zumal dann, wenn eine Stimmstörung Ausdruck tiefer liegender Probleme ist.

VON AUSSENWAHRNEHMUNG PROFITIEREN

Es steht einer Gemeinde und auch einem Lektorenkreis gut an, wenn es hier geschützte Räume gibt, in denen Sie angstfrei andere nach Ihrer Außenwirkung befragen können. Zum Beispiel in einem vertraulichen Gespräch mit einem ehrlichen, aber barmherzigen Gegenüber, das Ihnen solches Feedback geben kann.

▪◆ Darf ich den Text verändern?

Das ist eine spannende Frage, auf die es ein klares »Jein« gibt. Einmal war von Eingriffen in den Text ja bereits die Rede, und zwar bei den Inquit-Formeln und Einschüben. Einerseits deswegen: Ja schon, sofern es den Text nicht inhaltlich verändert. Das heißt: Bei »antwortete und sprach« können Sie die letzten beiden Wörter weglassen. Sie können fast jedes »sprechen« durch »sagen« ersetzen. »Aber« können Sie auch weglassen, wenn es sich nicht um eine Wendung handelt, die einen echten Einwand kennzeichnet, sondern um ein bloßes Füllwort. Das ist meistens der Fall, wenn im Text steht: »Er aber sprach.« Bei »Ich aber sage euch« sieht die Sache unter Umständen schon anders aus, wenn das »aber« eine inhaltliche Qualität hat – hier ist der Kontext entscheidend.

Freiheit besteht auch bei altertümlichen Verbformen (»du erforschest und kennest mich«): Wo auch in der modernen Schriftsprache das Endsilben-»e« wegfällt, können Sie es weglassen, wenn es Sie stört. Manchmal kann es trotzdem ganz hilfreich sein, weil es das Wort klangvoller macht und Sie nicht im Konsonantenwust ersticken. Erlaubt ist auch, in den Fällen, wo von »Brüdern« (außer bei Josef) und »Jüngern« die Rede ist, von »Schwestern und Brüdern« und »Jüngerinnen und Jüngern« zu sprechen (außer dort, wo genau die Zwölf gemeint sind). Das ist, anders, als das manche denken, keine Fantasie der Herausgebenden der *Bibel in gerechter Sprache*, sondern entspricht dem gegenwärtigen Forschungsstand – und wird auch in der neuen Revision der Lutherbibel 2017 so gemacht.

Andererseits ein deutliches »Nein« in den Fällen, wo der Inhalt durch die Änderung entstellt wird. Der Impuls entsteht oft dort, wo ein Bibeltext das eigene Gottes- oder Weltbild stört. Manchmal zum Beispiel hört man im Vaterunser »... und führe uns in der Versuchung«, statt des üblichen und sprachlich eindeutig korrekten »... und führe uns nicht in Versuchung«. Das mag man verstehen als den Versuch, das eigene Gottesbild möglichst frei von dunklen Flecken und Abgründigem zu halten – der biblischen Botschaft entspricht so eine sterile Gottesidee nicht. Jesus hat am Kreuz geschrien, da dürfen Sie ruhig darum beten, dass Sie nicht in eine Situation kommen, in der Sie das auch tun müssen. Solche vermeintlichen Verbesserungen, bei denen Lektorinnen und manchmal auch Pfarrer, oft übrigens in solchen Gemeinden, die sich selbst als sehr »fromm« oder »bibeltreu« bezeichnen, der Bibel über den Mund fahren und ihre schillernde Vieldeutigkeit einzufärben versuchen, gehen schlichtweg nicht. Auf lange Sicht schadet es dem Glauben der Gemeinde und hindert jedes geistliche Wachstum, wenn die rätselhaften und dunklen Seiten Gottes[36], die uns die Bibel zumutet und die ihren Anhalt in menschlicher Lebenserfahrung haben, verschwiegen werden.

Deswegen das klare »Jein«. Dort, wo Sie unsicher werden, sollten Sie Grenz- und Zweifelsfälle mit jemand anderem besprechen, vorzugsweise jemanden, der oder die Ahnung von den biblischen Sprachen hat und am Sonntag über den Text, in den Sie eingreifen möchten, predigen soll.

◆ **Muss ich denn wirklich jeden Tipp hier umsetzen?**

Natürlich nicht. Zwar ist alles, was Sie hier lesen, in der Praxis mehrfach erprobt worden und liturgisch wie theologisch begründbar – aber eben auch von einer Grundüberzeugung getragen, wie ein Gottesdienst sein soll. Wenn Sie von einem ganz anderen Gottesdienstverständnis ausgehen, werden Sie womöglich zu ganz anderen Antworten kommen. Es gilt der alte paulinische Grundsatz: Prüfet alles (tun Sie das aber dann auch wirklich), und behalten Sie guten Gewissens das, was Ihnen hilfreich erscheint. Es kann dabei hilfreich sein, sich in einem Gottesdienst auf ein einzelnes Thema zu beschränken und erst einmal in Ruhe eine Sache auszuprobieren.

Diese Frage wird mir oft bei Workshops gestellt, und auf Nachfrage wird dann manchmal deutlich, dass die Betreffenden die ganzen Übungen durchaus machen würden, aber schlichtweg keine Zeit dafür haben, weil sie den Lesungstext erst am Samstagabend oder, was leider erschreckend oft vorzukommen scheint, am Sonntagmorgen mitgeteilt bekommen. Wenn das bei Ihnen regelmäßig der Fall ist, ist das ein Thema, das Sie unbedingt ansprechen sollten – und das sage ich als jemand, der Gottesdienste auch schon einmal mit schlechtem Gewissen spitz auf knapp am Samstagnachmittag zusammengebastelt hat. Wenn es regelmäßig vorkommt, dann hat nicht nur der Pfarrer oder die Pfarrerin, sondern die ganze Gemeinde ein strukturelles und geistliches Problem. Dann ist nämlich anzunehmen, dass den Pfarrerinnen und Pfarrern nicht genügend Zeit zur Verfügung steht, einer ihrer Hauptaufgaben, das Vorbereiten und Halten des Gottesdienstes, gewissenhaft nachzukommen. Und dann muss sich etwas ändern!

Manchmal braucht es einen deutlichen Anstoß, um solche anstrengenden Neuorientierungsprozesse anzugehen. Dieser Impuls kann zum Beispiel von Lektoren ausgehen, die sich weigern, einen Text ohne angemessene Vorbereitungszeit vorzulesen. Das hat die Bibel nicht verdient, und Sie auch nicht – Sie nehmen eines der ältesten und angesehensten Ämter der Kirche wahr und haben ein Recht darauf, angemessen zugerüstet und begleitet zu werden.

CHECKLISTE – nochmal alles in Kürze

Donnerstag vor dem Gottesdienst
- Wenn der Lesungstext noch nicht da ist: anfordern!
- **Dann: inhaltliche Textbegegnungen**
- Text mehrmals laut lesen
- »Stolperfallen«, schwierige Passagen markieren (wird auch beim Zuhören schwierig) und klären
- Alle weiteren Ideen, Einfälle, Gedanken notieren
- Skriptanalyse: Konflikte und Gedankengänge nachvollziehen, Text gliedern
- Text zu eigen machen: Nacherzählen, Schlagzeile (mit Begriffen aus dem Text) formulieren
- Satzanalyse: Betonungen und Pausen in jedem Sinnabschnitt festlegen und notieren
- Vom Kleinen ins Große: Text lesen und Satzbetonungen dem Gesamtduktus anpassen. An Schlagzeile überprüfen
- **Atmosphärisch-kreative Textbegegnungen**
- Inneres Bild finden und festhalten
- Dialoge beleben
- Dynamik herausarbeiten
- Mögliche Wechsel in Lautstärke, Tempo, Sprachmelodie und Stimmfarbe ausloten
- Wieder aufs Ganze: Text mehrmals laut lesen und stilistische Gestaltung dem Gesamtduktus anpassen.

Samstag vor dem Gottesdienst:
- Bändchen in die Bibel legen oder Text ausdrucken, besondere Gestaltungsideen markieren, zuschneiden und in die Bibel legen.

Sonntagmorgen
- Nach dem Aufstehen: Stimme wach werden lassen und aufwärmen.
- Text beim Frühstück noch einmal laut lesen.
- Rechtzeitig vor Ort sein.
- Mikrofontest machen, Wege und Positionen im Gottesdienst klären
- Freie Zeiten für stille Sprechübungen nutzen

UMGANG MIT ZUGANGSBESCHRÄNKUNGEN IM GOTTESDIENST

Die Corona-Pandemie ab 2020 hat das gemeindliche und auch das gottesdienstliche Leben stark beeinflusst. Vielerorts haben während Lockdown-Phasen keine präsentischen Gottesdienste stattgefunden, und auch nach der Einführung der Impfung galten und gelten für verschiedene Veranstaltungsformen Zugangsregeln, die meistens mit Zahlen- und Buchstabenkombinationen bezeichnet wurden: 3G (Zugang für Geimpfte, Genesene und negativ Getestete), 2G (Zugang für Geimpfte und Genesene) und 2G plus (Zugang für Geimpfte und Genesene mit zusätzlichem Negativtest).

Wenn für bestimmte Bereiche des öffentlichen Lebens, etwa Gastronomie, Handel und Kulturereignisse, diese Regeln galten, waren sie nicht automatisch für den Gottesdienst gesetzt, weil der Gesetzgeber den Religionsgemeinschaften größere Freiheiten einräumt. Dort, wo Gemeinden dennoch freiwillig strengere Zugangsregeln festlegen, gehen dieser Entscheidung oft lange Diskussionen voraus – niemand will leichtfertig Menschen ausschließen.

Auch die praktische Ausgestaltung dieser Regeln will gut durchdacht sein, um die Verantwortlichen an der Kirchentür zu entlasten und ihnen Sicherheit für schwierige Situationen zu geben. Im Folgenden gibt es nach einigen grundlegenden Hinweisen daher praktische Anregungen.

Allgemeines zu Beschränkungen und fremden Regeln

Viele Menschen, auch sogenannte Kirchenferne, reagieren sehr emotional, wenn die Rede von Gottesdiensten ist, zu denen nicht jede*r Zutritt hat. In Diskussionen darüber in sozialen Medien wurde oft die Jahreslosung von 2022 (Joh 6,37) zitiert: »Christus spricht: Wer zu mir kommt, den will ich nicht hinausstoßen.« Es ist gut und wichtig, dass auch Menschen außerhalb der Kirche uns immer noch mit diesem Versprechen Jesu in Verbindung bringen. Und gleichzeitig sollte man sich auch klarmachen: Selbst, wenn Gemeinden oft betonen, der Gottesdienst sei »offen für alle«, entspricht das nicht der Realität. Schon allein dadurch, dass eine Gemeinde ausschließlich am Sonntagmorgen Gottesdienst feiert, können diejenigen Gemeindeglieder nicht daran teilnehmen, die in Bäckereien oder an Tankstellen sonntagsmorgens arbeiten oder die nach einer Nachtschicht in der Gastronomie oder im Krankenhaus ausschlafen müssen.

> Kein Gottesdienst ist »offen für alle« ...

Die Soziologie hat uns außerdem gelehrt, dass unsere Gottesdienste so auf die Lebensverhältnisse und Ansprüche bestimmter weniger Milieus abgestimmt sind, dass sie Angehörige anderer Milieus von einer Teilnahme abhalten. Es ist also nichts Ungewöhnliches, dass Menschen vom Gottesdienst ausgeschlossen werden, wir reden nur ungern und entsprechend selten darüber. Im Einzelfall kann es außerdem immer sein, dass individuellen Personen der Zugang zum Gottesdienstraum verwehrt wird, etwa wenn sie offensichtlich alkoholisiert sind oder (ein konstruiertes Beispiel) eine sichtbare Waffe tragen. Bei den seltenen Gelegenheiten, wo Einzelpersonen vom Gottesdienst ausgeschlossen werden, geschieht das also meist, um entweder sie selbst, andere Gottesdienstteilnehmende oder den Ablauf des Gottesdienstes selbst zu schützen.

Bei Diskussionen rund um coronabedingte Zugangsbeschränkungen sollte man im Blick behalten, dass das Sicherheitsbedürfnis von Menschen unterschiedlich ist. So kann es sein, dass eine Gemeinde sich mit den besten Absichten gegen Einschränkungen im Gottesdienst entscheidet, faktisch aber Menschen ausschließt, deren Sicherheitsbedürfnis auf Grund von Vorerkrankungen größer ist. Hier hilft es, genau abzuwägen und die Gottesdienstgemeinde vor Ort im Blick zu behalten: Von einem großen Teil der Kerngemeinde, die sonntags zum Gottesdienst kommt, wird man wissen, ob die 2G- oder 3G-Regel sie an einer Teilnahme hindern würde. Es ist äußerst unwahrscheinlich, dass nach dem Beschluss solcher Regeln plötzlich eine nennenswerte Zahl von Menschen zum Gottesdienst auftaucht, die man vorher noch nie dort gesehen hat. Wo dies doch wider Erwarten passiert und plötzlich die Massen Einlass begehren, sollte man klären, ob es sich hier tatsächlich um eine unerwartete Erweckung handelt oder um gezielten und geplanten Protest.

> Welches Sicherheitsbedürfnis haben die Menschen vor Ort?

Auch wenn der Gesetzgeber die Gretchenfrage nach präsentischen Gottesdiensten bislang den Kirchen überlassen hat, kann es dennoch Regeln geben, die den Gottesdienst betreffen, etwa Abstandsgebote und dergleichen. Das bringt Gemeinden dazu, Regeln durchsetzen zu müssen, die man selbst nicht aufgestellt hat. Vielleicht kann es auch gelingen, solche Regeln zu *reframen*, das heißt, ihnen einen anderen Sinn zu geben und etwa zu geistlichen Übungen umzuformen: Manche Gemeinden haben den Desinfektionsmittelspender im Eingang mit dem Hinweis versehen, dass eine ordentliche Handdesinfektion genauso lang dauert wie ein still gebetetes Vaterunser. Andere haben gleich ein kleines Händewasch-Gebet geschrieben und neben den Spender gehängt. Wieder andere Gemeinden haben neben die Abstandsmarkierungen auf dem Boden kleine Impulse gesprüht, die zum Nachdenken oder

> Unvermeidbare Regeln können so gestaltet werden, dass sie Spaß machen

zur Interaktion anregen, zum Beispiel: »Wie sieht der Himmel heute aus?« – »Wie geht es der Person hinter Ihnen?« – »Was erhoffen Sie sich vom Gottesdienst heute?« Das Ausfüllen von Platzkarten, wenn eine sitzplatzgenaue Nachverfolgung vorgeschrieben ist, lässt sich mit einem Preisausschreiben verbinden. Auf der Rückseite kann Platz für eine Frage sein, die die ausfüllende Person gerne einmal in einer Predigt beantwortet haben möchte. Solche Fragen können gesammelt und Grundlage für eine Predigtreihe sein. Dieses Prinzip nennt man in der Psychologie *Nudging* (vom englischen Wort für »anschubsen«). Es besagt, dass man Regeln leichter befolgt, wenn damit ein bisschen Spaß verbunden ist.

◆ Transparente und reflektierte Entscheidungen

In vielen evangelischen Landeskirchen werden solche Entscheidungen nicht von übergeordneter Stelle für die Gemeinden getroffen. Es ist meist Sache der Gemeindeleitung (Presbyterium, Kirchenvorstand, Kirchengemeinderat, ...). Dieses basisdemokratische Prinzip ist ein hohes Gut, bedeutet aber auch besondere Verantwortung, eine sorgsam abgewogene Entscheidung zu treffen. Und gerade in Krisenzeiten und bei emotional hoch besetzten Entscheidungen sind Transparenz und eine möglichst breite Beteiligung aller Akteurinnen und Akteure wichtig.

> Diskussionskultur ist wichtig

Auf einer entsprechenden Sitzung sollte dafür genug Zeit eingeplant werden, der Tagesordnungspunkt sollte auch so moderiert sein, dass möglichst viele sich an der Diskussion beteiligen können, z.B. durch Diskussionen einzelner Fragen in Kleingruppen – je mehr Menschen ihre Gedanken und auch ihre Bedenken mitteilen können, umso größer ist die Chance, dass alle den Beschluss mittragen. Folgende Fragen sollten u.a. auf solch einer Sitzung geklärt werden: Welche gesetzlichen Regelungen vor Ort gibt es, an die wir uns halten müssen? Was wissen wir über den Umgang unserer üblichen Sonntagsgemeinde mit Corona (Impfstatus, Masken usw.)? Wen betreffen unsere Maßnahmen konkret? Welche Einschränkungen (3G, 2G, 2Gplus) kommen unseren Bedarfen am ehesten entgegen? Welche Ressourcen stehen uns zur Verfügung (Wer kontrolliert? Können wir mit einem Testzentrum kooperieren oder Selbsttests zur Verfügung stellen? usw.)? Welchen Gestaltungsspielraum wollen wir nutzen (z.b. unterschiedliche Regelungen bei Gottesdiensten an unterschiedlichen Orten)? Wie regeln das die Gemeinden um uns herum? Wie informieren wir unsere Gemeindeglieder? Welche Alternativen können wir denjenigen bieten, die am analogen Gottesdienst nach unseren Regeln nicht teilnehmen können (Livestream oder Aufzeichnung, Predigtmanuskript, Gottesdienst am Küchentisch, ...)?

Eine offene und konstruktive Atmosphäre, in der 2G-Befürworter ihre Sicht der Dinge darlegen können, ohne gleich als Spalter beschimpft zu werden, und in der 2G-Gegner ihre Bedenken äußern können, ohne für verantwortungslos erklärt zu werden, ist für solche Diskussionen unerlässlich. Vielleicht könnten zu diesem Tagesordnungspunkt auch die hauptamtlich Mitarbeitenden der Gemeinde gehört werden.

In einem solchen Diskussionsprozess könnten auch Modelle der Entscheidungsfindung zum Einsatz kommen, die eine schwierige Frage nicht nur auf »dafür«, »dagegen« und »Enthaltung« reduzieren – die Wirklichkeit ist ja oft komplizierter. Zu solchen Modellen gehört das *Systemische Konsensieren*, bei dem eine Gruppe selbst Lösungsvorschläge entwickelt, die dann nicht einfach zur Mehrheitsabstimmung gestellt werden, sondern Widerstände abgefragt werden. Eine weitere Möglichkeit ist, das »dafür« und »dagegen« in einer Skala aufzuschlüsseln, auf der sich die Teilnehmenden positionieren, zum Beispiel: »Ich bin dafür und werde mich aktiv dafür einsetzen, dass es klappt.« – »Ich bin dafür, wenn andere es umsetzen.« – »Ich bin dafür, habe aber Einwände, die ich wenigstens äußern möchte.« – »Ich bin dafür, aber habe Einwände, die bei der Entscheidung berücksichtigt werden sollen.« – »Ich bin unschlüssig.« – »Ich bin dagegen, werde den Beschluss aber mittragen.« –

»Ich bin dagegen und werde den Beschluss nicht mittragen.« – »Ich bin dagegen und werde alles dafür tun, dass das nicht klappt.«

▪◆ Kommunikation, Kommunikation, Kommunikation!

Unnötige Konflikte entstehen, wenn Menschen erst an der Kirchentür erfahren, dass sie ihren Impfausweis hätten mitbringen sollen. Der entsprechende Beschluss der Gemeindeleitung sollte daher rechtzeitig und begründet auf allen möglichen Kanälen kommuniziert werden: Durch sichtbare Aushänge im und am Gemeindehaus, Abkündigungen im Gottesdienst, Ankündigungen über Homepage und soziale Medien, Informationen in Gruppen und Kreisen und ggf. Bekanntmachungen in der Lokalpresse. Hilfreich ist auch, mit den Nachbargemeinden im Gespräch zu sein, damit sich die Gemeinden nicht von Dritten gegeneinander ausspielen lassen.

▪◆ Zuständigkeiten und Abläufe klären

Die mit 2G und 3G verbundenen Einlasskontrollen sind zeit- und arbeitsintensiv. Bevor sie stattfinden können, sollten die Abläufe geklärt sein: Wo können sie stattfinden, wo können Gemeindeglieder unter Einhaltung der Abstandsregeln warten? Sie sollten auch von mindestens zwei Personen durchgeführt werden, damit eine weitermachen kann, während eine andere in eine Diskussion verwickelt ist.

▪◆ Tipps für die Vorbereitung

Nehmen Sie sich Zeit, um die Beschlusslage der Gemeinde so gut zu kennen, dass Sie sie in eigenen Worten wiedergeben können. Da Sie die Beschlüsse vor anderen Menschen vertreten müssen:

Wie geht es Ihnen selber damit? Was sind Ihre Bedenken? Was brauchen Sie, um den Beschluss mittragen und durchsetzen zu können?

Wenn die Gelegenheit dazu ist: Üben Sie mit anderen zusammen in Rollenspielen, wie sich schwierige Situationen an der Kirchentür bewältigen lassen. Sie sollten dabei mindestens zu dritt sein: Eine »Türsteherin« (A), ein kritischer Gottesdienstbesucher (B), eine unbeteiligte Zuschauerin (C). Spielen Sie eine Situation durch. Reflektieren Sie dann aus dem jeweiligen Erleben heraus das soeben Geschehene: Was ist A leicht gefallen, was schwer? Was hat es B erleichtert oder erschwert, das Abgewiesenwerden anzunehmen? Was hat C von außen an Beobachtungen beizusteuern?

Legen Sie sich Formulierungen für verschiedene Situationen zurecht, damit Sie nicht unter Stress improvisieren müssen.

Wenn im Gottesdienst FFP2-Maskenpflicht herrscht, sollten am Sonntagmorgen immer ein paar bereitliegen. Es wäre schade, wenn jemand nicht am Gottesdienst teilnehmen kann, nur weil sie ihre Maske vergessen hat.

Wenn die Teilnahme an einem Gottesdienst nur mit einem Test möglich ist, besteht vielleicht die Möglichkeit, beaufsichtigte Selbsttests anzubieten?

▪◆ Tipps für den Konfliktfall

Die Erfahrungen in vielen Gemeinden haben gezeigt: Die allermeisten Menschen nehmen, wenn ihnen der Gottesdienstbesuch wichtig ist, die Regeln gern in Kauf. Sollte es doch zu Konflikten kommen, und Sie müssen einen Besucher abweisen, dann helfen Ihnen die folgenden Tipps hoffentlich weiter.
- Bleiben Sie ruhig, freundlich, besonnen, aber klar und deutlich.
- Ihr Gegenüber darf wütend sein – Abgewiesenwerden ist kein schönes Gefühl. Reden Sie ihm seine Wut nicht aus, aber stellen Sie klar, dass sich dadurch nichts ändert (»Ich verstehe, dass Sie

wütend/enttäuscht sind. Trotzdem können Sie am Gottesdienst leider nicht teilnehmen.«). Machen Sie sich klar: Die Wut richtet sich nicht gegen Sie als Mensch, sondern gegen die Gemeinde oder (wahrscheinlich noch eher) gegen die Gesamtsituation.
- Lassen Sie sich weder auf Verhandlungen ein (»Ich würde mich auch ganz nach hinten setzen und die Maske auflassen und nur ganz wenig atmen«), noch auf Diskussionen über Dritte (»Aber die Frau M., die war letzte Woche auch da, und die ist auch nicht geimpft« oder »In der katholischen Gemeinde kontrollieren die das nicht!«).
- Lassen Sie sich nicht auf theologische (»Der Jesus hätte auch niemanden ausgeschlossen«) oder coronakritische (»Das ist doch eh alles erfunden!«) Grundsatzdiskussionen ein. Diese führen in einer akuten Konfliktsituation zu nichts. Weisen Sie Ihr Gegenüber auf die Möglichkeit hin, sich bei der Gemeinde zu beschweren, halten Sie evtl. (natürlich nur nach Rücksprache) die Kontaktdaten der Pfarrperson oder der Presbyteriumsvorsitzenden bereit.
- Öffnen Sie Perspektiven: Weisen Sie auf die Möglichkeit hin (sofern diese gegeben ist), den Gottesdienst übers Internet mitzufeiern oder ein gedrucktes Predigtmanuskript mit nach Hause zu nehmen.
- Versuchen Sie, den Menschen, den Sie abweisen mussten, auch emotional gehen zu lassen, grübeln Sie nicht zu viel über die Begegnung nach. Denken Sie daran: Für jede Person, die sich über die Regeln ärgert, gibt es wahrscheinlich zehn andere, die der Gemeinde dankbar dafür sind, dass sie ihre Verantwortung wahrnimmt – diese anderen sind nur meistens nicht so laut.
- Sorgen Sie für sich. Bitten Sie bei Bedarf um Verstärkung oder Ablösung. Nehmen Sie sich Zeit, um nach einer belastenden Begegnung wieder zur Ruhe zu kommen. Tauschen Sie sich mit anderen über Ihre Erfahrungen aus.

GOTTESDIENST DIGITAL

Bis ins Frühjahr 2020 waren Online-Gottesdienste nichts, mit dem sich viele Gemeinden freiwillig beschäftigt haben. »Digitale Kirche« galt zumindest in der Breite eher als ein Interessens- und Betätigungsfeld einiger weniger Nerds. Aber Not macht bekanntlich erfinderisch. Als die Corona-Pandemie nach Deutschland kam und vielerorts Präsenzveranstaltungen untersagt waren, wagte die Kirche den späten Sprung in die virtuelle Welt. Zahlreiche Gemeinden filmten Gottesdienste und stellten sie bei großen Videoportalen wie *youtube* oder *vimeo* zur Verfügung. Andere nutzten die neu angeschafften Videokonferenz-Tools, um Gottesdienste mit stärkeren interaktiven Elementen zu feiern. Die meisten Gemeinden wunderten sich über unerwartet hohe Klickzahlen, und auch, wenn diese im Einzelnen sehr genau analysiert werden wollen, hat sich in den Jahren 2020 und 2021, nicht zuletzt durch entsprechende Untersuchungen[37], gezeigt: Es gibt eine große Nachfrage. Und zwar sowohl in der Kerngemeinde als auch unter den Menschen, die zwar gern an einem Gottesdienst teilnehmen, aber sonntagsmorgens nicht in die Kirche kommen, aus welchen Gründen auch immer. Viele Gemeinden haben im Laufe der Pandemie ihre Aufnahmen professionalisiert, genauso gab und gibt es jedoch auch Gottesdienstvideos, bei denen man den Ausführenden raten möchte, sich noch einmal Gedanken über die Gestaltung zu machen.

Das Folgende soll hierfür Anregungen bieten. Vor den praktischen Tipps gilt es jedoch, einige Annahmen zu erläutern, die diesem Kapitel zugrunde liegen. 1. Die traditionelle Gegenüberstellung von *virtuell* und *real* ist weder sachlich korrekt noch hilfreich. 2. Wenn Online-Gottesdienste nicht »funktionieren«, wenn der Funke nicht überspringt, dann kann das an der Technik liegen. Ebenso häufig geht es jedoch auch um gottesdienstliche (liturgische) und gemeindepädagogische Fragen. Das Folgende soll Ihnen dabei helfen, in der Gemeinde diese Fragen für sich zu beantworten. Die gute Nachricht dabei ist: Vieles von dem, was Sie in den vorangegangenen Kapiteln gelesen und gelernt haben, behält seine Gültigkeit auch in der digitalen Kirche.

◆ Digital ist real

Irgendwann hat sich in die Diskussion um das Internet die Unterscheidung von *virtuell* und *real* eingeschlichen. Meist mit dem ausgesprochenen oder unausgesprochenen Fazit, dass das, was man im Internet erlebt, nicht »echt« sei und auf jeden Fall weniger wert als das, was in körperlicher Präsenz stattfindet. Aber schon im Alltag erleben wir, dass das nicht stimmt: Online-Poker kann sehr reale Auswirkungen auf meinen Kontostand haben. Menschen lernen sich online kennen und verlieben sich, manchmal sogar schon vor einem ersten Live-Treffen. Eine Beleidigung, die mir in sozialen Medien entgegengeschleudert wird, kann genauso wehtun wie eine, die mir ins Gesicht gesagt wird. Und ein lustiges Video kann dafür sorgen, dass ich mich vor dem Bildschirm vor Lachen biege. Der Autor und Internet-Aktivist Sascha Lobo hat daher schon vor Jahren vorgeschlagen, nicht von *virtuell* und *real*, sondern von *virtuell* und *kohlenstofflich* zu sprechen.

Für die Gestaltung von Online-Gottesdiensten ist das von großer Bedeutung: Wenn ich selbst virtueller Gemeinschaft wenig zutraue, wenn ich digitale Gottesdienste immer nur als die notgedrungene und schlechtere Alternative ansehe, dann werden die Gottesdienstteilnehmenden das an den Bildschirmen merken. Vielleicht an lieblos abgefilmtem und achtlos zusammengeschnittenem Material, vielleicht an einer verkrampften Haltung und daran, dass alles von einem entschuldigenden Unterton durchzogen ist, weil wir ja eigentlich viel lieber etwas anderes machen wollen.

Für ansprechende Online-Gottesdienste ist es also unerlässlich, dass die Mitwirkenden eine positive Haltung dazu entwickeln. Hier sind vielleicht einige Schlaglichter aus der theologischen Tradition hilfreich: Häufig wird bei Online-Gottesdiensten etwa bedauert, dass die »echte« Gemeinschaft fehlt, weil man sich nicht im selben Raum versammelt und manche Menschen sich den Gottesdienst erst viel später ansehen (ähnliche Diskussionen hat es schon bei der Einführung von Radio- und Fernsehgottesdiensten gegeben, das ist also alles nicht wirklich neu). Hier hilft es, sich bewusst zu machen, dass es in Theologie und Kirche schon immer mehr als nur ein Verständnis von Zeit, Raum und Gemeinschaft gegeben hat. Besonders deutlich lässt sich das beim Abendmahl machen. In der sogenannten *Präfation*, der Einleitung zum großen Abendmahlsgebet (»Heilig, heilig, heilig«), heißt es am Ende: »Dich preisen die Kräfte des Himmels mit einhelligem Jubel; mit ihnen vereinen auch wir unsere Stimmen ...« Zugespitzt gesagt: Im Allerheiligsten des Gottesdienstes hat die Kirche sich die Erinnerung daran bewahrt, dass die Gemeinschaft der Heiligen, in die wir uns im Abendmahl hineinstellen, Zeit und Raum übergreift. Wir feiern eben nicht nur mit denen zusammen, die rechts und links von uns im Kreis stehen, sondern mit allen, die vor uns waren und die nach uns noch kommen werden. Was spricht also dagegen, es Gott zuzutrauen, auch im Virtuellen Menschen an verschiedenen Orten zu verschiedenen Zeiten zu verbinden?

Ein weiteres häufiges Argument gegen Online-Gottesdienste ist die Sache mit dem Körper. Ja, es ist ein ganz anderes Erleben, wenn ich körperlich in einer Kirche anwesend bin. Wenn meine Hände im Gesangbuch blättern, wenn ich das Brausen der Orgel im Körper spüren, wenn ich die Kerzen riechen und Menschen um mich herum sehen kann. Und ja, das *Evangelische Gottesdienstbuch*, die für die meisten Kirchen maßgebliche Agende, sieht vor, dass der Gottesdienst alle Sinne ansprechen möge. Aber abgesehen davon, dass es vielerorts auch in der Kohlenstoffwelt hier Nachholbedarf gibt, sprechen ja auch Gottesdienste auf dem Bildschirm verschiedene Sinne an, zumindest die Augen und Ohren. Und digitale Gottesdienste bieten sehr viele Möglichkeiten eines anderen optischen und akustischen Erlebens. Wann habe ich sonntagsmorgens in der Kirche schon die Möglichkeit, der Organistin beim Spielen auf die Hände oder Füße zu schauen?

Lange Rede, kurzer Sinn: Digitale Gottesdienste sind nicht grundsätzlich besser oder schlechter als analoge, sie sind auch nicht mehr oder weniger echt. Sie sind anders, und es hilft, wenn man dieses Anders angemessen zu gestalten weiß.

Welche positiven Erfahrungen haben Sie selbst im Internet gemacht? Gibt es youtube-Videos, die Sie besonders ansprechen? Wenn nicht: Suchen Sie danach! Nehmen Sie sich Zeit und klicken Sie sich durch die unendlichen Weiten des Netzes. Wenn ja: Überlegen Sie, was genau Sie an diesem Video fasziniert hat und ob sich etwas davon auch in Ihrem Gottesdienst umsetzen lässt.

▪▶ Digital ist nicht gleich digital

Es gibt verschiedene Arten, digital Gottesdienst zu feiern. Die beiden wichtigsten sind der *Videogottesdienst* und der Gottesdienst als *Videokonferenz*. Das Hauptaugenmerk liegt im Folgenden aber auf Gottesdiensten, die über ein Videoportal wie youtube mitgefeiert werden können. Hier gibt es im Wesentlichen zwei wichtige Unterschiede: In einigen Gemeinden hat sich in den letzten zwei Jahren der *Livestream* etabliert, der Gottesdienst wird also live im Internet übertragen. Dafür gibt es inhaltliche und theologische Gründe: Manche schätzen das Moment der Gleichzeitigkeit. Es kann, gerade für Menschen, die pandemiebedingt isoliert sind, sehr tröstlich sein zu wissen: Ich bin Teil einer Gemeinschaft, die jetzt gerade genau dasselbe macht wie ich. Es gibt auch eher praktische Gründe: Manche Gemeinden haben das notwendige Equipment und sehen die Chance, ohne größeren Aufwand sowohl die analoge als auch die digitale Gemeinde zu bedienen. Das ist möglich, aber nicht ganz so einfach. Damit sich die digitale Gottesdienstgemeinde nicht einfach als Zaungäste fühlt, sind mehrere Kameras hilfreich, die nicht nur im hinteren Teil des Gottesdienstraums aufgestellt sind (s.u.). Um diese und eine eventuelle separate Tonspur zu synchronisieren, braucht es eine Art digitalen Küster, der mithilfe eines Mischpults das Ganze orchestriert. Die Mitwirkenden sollten darauf achten, auch die digitale Gemeinde im Blick zu halten und etwa bei Begrüßung oder Predigt ab und zu direkt in die Kamera zu schauen. Es hilft, sich durch Notizen im Manuskript daran zu erinnern.

Mehr gestalterische Freiheit bietet das vorherige Aufzeichnen eines Gottesdienstes: Die einzelnen Sequenzen können gefilmt und hinterher zusammengeschnitten werden, der Gottesdienst lässt sich besser auf die Sehgewohnheiten von Menschen in der digitalen Welt abstimmen. Wem das Moment der Gleichzeitigkeit dennoch wichtig ist, kann bei youtube auf die Möglichkeit der *Premiere* zurückgreifen: Der Veröffentlichungszeitpunkt lässt sich punktgenau einstellen, und während der Gottesdienst läuft, besteht die Möglichkeit, mit den Gottesdienstbesuchenden zu chatten. Das sollte dann natürlich jemand Verantwortliches auch tun.

Die folgenden Ausführungen beziehen sich vor allem auf solche vorher aufgezeichneten Gottesdienste, weil sie erfahrungsgemäß die qualitativ besseren Ergebnisse liefern. Viele Anregungen sind aber auch für Livestreams hilfreich.

Drei Seiten digitaler Gottesdienstgestaltung

Die technische und gestalterische Seite

Viele denken bei digitalen Gottesdiensten zuerst an die *technische Seite*: Welche Aufnahmegeräte brauchen wir, welche Kameraeinstellungen und Schnitttechniken sind sinnvoll, mit welcher Software lässt sich das Videomaterial bearbeiten? Es gibt dazu eine Reihe guter Informationsseiten und -videos von den Medienstellen diverser Landeskirchen, von daher an dieser Stelle erst einmal eine Entlastung: So viel braucht man gar nicht. Aufnahmeequipment für den Heimbedarf ermöglicht mittlerweile hoch professionelle Aufzeichnungen, viele Journalistinnen und Journalisten verwenden zum Beispiel ihr Smartphone für Außenaufnahmen und Interviews.

Eine gute Kamera (über die viele moderne Smartphones verfügen) ist wichtig, noch wichtiger aber ist im Internet ein guter Ton. Das hat mit unserer Wahrnehmung zu tun: Das Auge verzeiht eher als das Ohr – im kohlenstofflichen Gottesdienst ist es Ihnen ja wichtiger, dass Sie auch in der letzten Reihe noch alles Gesagte verstehen, selbst wenn Sie nicht alles im Detail erkennen. Das hat auch mit dem Konsumverhalten von Internetnutzerinnen und -nutzern zu tun: Viele Online-Gottesdienste werden nebenbei gehört, und das wird

> Im Internet ist Ton wichtiger als Bild

sehr schnell anstrengend, wenn der Ton nicht stimmt. Ein klar verständlicher Ton ist leicht zu haben: Mancherorts ermöglicht es die Lautsprecheranlage in der Kirche, den Ton »abzunehmen«, also als separate Tonspur aufzuzeichnen. Sie können auch in ein Anstecksoder Lavaliermikrofon investieren (ein gutes Gerät ist für unter 50 EUR zu haben), das Sie sich an den Kragen stecken. Wenn Sie die Tonspur separat aufzeichnen, ist es hilfreich, zu Beginn einer Sequenz zu klatschen oder, wie man es beim Film macht, mit einer

Regieklappe zu arbeiten – so ist es hinterher leichter, die Aufnahmespuren mit einem Videobearbeitungsprogramm übereinanderzulegen.

Welche und wie viele Kameras Sie benutzen, hängt von der *Gestaltung* ab. Natürlich können Sie einfach irgendwo in der Kirche ein Smartphone auf ein Stativ stellen und den Gottesdienst einfach abfilmen. Manche Gemeinden tun das, um zwei Fliegen mit einer Klappe zu schlagen: Die Gottesdienstgemeinde vor Ort wird möglichst wenig gestört, und man hat trotzdem ein Video, das man hochladen kann. Nur: Besonders ansprechend ist das nicht. Solche Filme sehen häufig aus wie von einer Überwachungskamera aufgenommen.

Wenn man Gemeinden fragt, warum sie sich die Mühe machen, einen Videogottesdienst aufzuzeichnen, obwohl es doch professionell gemachte und leicht zugängliche Fernsehgottesdienste gibt, erhält man oft als Antwort, man wolle den Kontakt zur Gemeinde halten. Nur: Kontakt stellt man auf dem Bildschirm durch *Nähe* her. Bei Interviews im Fernsehen werden die Sprechenden selten aus ein paar Metern Entfernung gefilmt, sondern mindestens in einer sogenannten *Nahen*, einer Einstellung, wo sie von der Brust aufwärts zu sehen sind. Das entspricht ungefähr dem natürlichen Gesprächsabstand und führt dazu, dass die Zuschauenden sich direkt angesprochen fühlen. Es ist die beste Einstellung für Predigt, Begrüßungen und Anmoderationen, also für die Teile des Gottesdienstes, wo die Ausführenden in direkten Kontakt mit der Gemeinde treten. Wenn mehrere Leute im Gottesdienst gemeinsam agieren, können Sie sich für eine *Halbtotale* entscheiden, bei der zwei oder mehrere Mitwirkende ganz zu sehen sind. Viele Gemeinden wählen zu Beginn eine *Totale*, um etwa den ganzen Kirchraum abzubilden. Die Absicht dahinter ist verständlich: Wir wollen unsere Kirche zeigen und ein Bild produzieren, das an den Blick aus der Kirchenbank orientiert. Über längere Zeit aber wird so

> Kontakt über den Bildschirm entsteht durch Nähe

eine Totale schnell langweilig, und sie entspricht auch nicht unseren natürlichen Sehgewohnheiten: Wenn Sie in einer Kirche sitzen, dann lassen Sie den Blick zwar ab und zu durch den Raum schweifen, aber immer wieder werden Sie sich an irgendeinem Detail aufhalten. Das können Sie im Videogottesdienst mit der *Groß-* oder *Detailaufnahme* von interessanten Einrichtungsgegenständen oder architektonischen Besonderheiten nachahmen. Solche Details können Sie auch während Gebeten einblenden, wo es schnell übergriffig wirkt, wenn Sie hier Personen zeigen. Außerdem sollen die an den Bildschirmen Mitfeiernden sich auf das Gebet einlassen können und möglichst wenig abgelenkt werden. Für Personen sind Großaufnahmen weniger geeignet: Erstens wirken sie oft unvorteilhaft, und zweitens können sie einen Eindruck von Nähe erzeugen, die unangenehm ist – im Alltagsgespräch kommen Sie einem

1 Großaufnahme
2 Nahe
3 Halbnahe
4 Halbtotale

Menschen ja auch nicht so nah, dass sich Ihre Nasenspitzen fast berühren.

Vermeiden Sie zu schnelle Schnitte und zu viele verschiedene Einstellungen hintereinander, das wirkt unüberlegt und hektisch. Wie so oft gilt: Weniger ist mehr, und jede Einstellung sollte dramaturgisch begründbar sein.

Wovon Sie auf jeden Fall die Finger lassen sollten, ist der *Zoom* Ihrer Kamera. Wenn Sie ihn während einer Aufnahme benutzen, können Sie die Geschwindigkeit nicht kontrollieren, das Bild ruckelt, und Sie müssen eventuell noch einmal nachjustieren. Wenn sich das Bild bewegen soll, dann geht das nur mit einer Bewegung der Kamera im Raum. In Fernsehstudios sind die beweglichen Kameras nicht ohne Grund sehr große Gebilde auf mehreren Rollen: Die Bewegung muss absolut ruhig und langsam sein, sonst verwackelt das Bild. Eine gute Lösung bieten hier so genannte *Gimbals*, das sind Halterungen für ein Smartphone, die bei einem Schwenk automatisch die Geschwindigkeit anpassen und das Bild in der Waage halten. Auch für Nahaufnahmen sollten Sie den Zoom nicht benutzen. Die meisten Menschen erkennen diese unechte Nähe ganz unbewusst an der fehlenden Tiefenunschärfe, sie merken: Hier stimmt etwas nicht. Und vorgetäuschte Nähe ist ein grundsätzliches Problem so mancher Gottesdienste.

> Verzichten Sie auf vorgetäuschte Nähe

▪◆ Die gemeindepädagogische Seite

Wenn Gemeinden über den Gottesdienst reden, dann sagen sie gern, dieser sei *für alle*. Theologisch mag das vielleicht stimmen, faktisch jedoch nicht: Die meisten unserer Gottesdienste wenden sich durch verschiedene Faktoren (Uhrzeit, Musikauswahl, Schwierigkeitsgrad der Sprache, Themenwahl und vieles mehr) an eine bestimmte *Zielgruppe*, zum Beispiel an Menschen, die gerne still sitzen und klassische Orgelmusik hören. Dass das nicht die Mehrheit der Gesellschaft ist, merkt man in der Regel am Gottesdienstbesuch. Das muss Sie nicht interessieren, wenn Sie den digitalen Gottesdienst, etwas salopp gesagt, nur als Methadon für die von Entzugserscheinungen geplagte Kerngemeinde während eines Lockdowns verstehen. Dann tun Sie sicherlich gut daran, möglichst wenig zu verändern. Sie müssen sich auch keine Gedanken darüber machen, ob das Video für eher kirchenferne Menschen leicht auffindbar ist – diejenigen, die es interessiert, werden sich schon durchklicken. Aber vielleicht möchte Ihre Gemeinde die digitalen Gottesdienste auch nutzen, um andere Leute anzusprechen, vielleicht sehen Sie hier eine missionarische Chance? Dann ist es sinnvoll, sich folgende Fragen zu stellen:

Wer sollen diese »anderen Leute« sein? Auch hier ist es illusorisch, davon auszugehen, dass man »alle« anderen erreichen könnte. Einfacher und Erfolg versprechender ist es, sich eine relativ genau umrissene Zielgruppe vorzustellen. Zum Beispiel Eltern von (ehemaligen) Konfirmandinnen und Konfirmanden, also Erwachsene zwischen Mitte Dreißig und Fünfzig. Das sind Menschen, die mit Ihrer Gemeinde schon in Kontakt stehen, und die vielleicht ganz profane Gründe haben, warum sie nicht sonntags in den Gottesdienst kommen – etwa, weil der Sonntagmorgen das einzige Zeitfenster unter der Woche ist, das sie mit der ganzen Familie gestalten können.

Welche Erwartungen hat Ihre Zielgruppe an Gottesdienste? Bevor Sie sich hier allzu sehr den Kopf zerbrechen, sollten Sie etwas tun, was sich beim Arbeiten für bestimmte Zielgruppen ohnehin anbietet: Fragen Sie sie. Bereiten Sie die neue Gottesdienstform mit einer Gruppe vor, in die Sie Menschen einladen, die grundsätzlich Lust auf Gottesdienst, aber gleichzeitig Wünsche oder Bedürfnisse haben, die der klassische Sonntagsgottesdienst nicht erfüllt. Eine Hilfe, um über solche Wünsche ins Gespräch zu kommen, erhalten Sie im letzten Kapitel. Mit den Menschen aus der Zielgruppe können Sie auch die folgende Frage klären:

Welche Videos schaut die Zielgruppe gern im Internet? Es gibt unzählige verschiedene Kategorien von Videos in den Weiten des Internets. Viele davon folgen einem jeweils eigenen *mission statement*, also einer klaren Aussage: Was will ich mit diesem Video? Zum Beispiel Livemitschnitte von Konzerten, Festakten, Karnevalssitzungen oder von Auftritten bekannter Comedians. Das sind relativ lange Videos, und sie werden wahrscheinlich von Leuten angesehen, die gezielt danach gesucht haben, die sich die Zeit dafür nehmen und es sich vor dem Bildschirm gemütlich machen. Ein klassischer (Fernseh-)Gottesdienst kommt diesen Sehgewohnheiten am ehesten entgegen. Wer ein solches Video ins Netz stellt, dessen *mission statement* könnte etwa lauten: »Wir wollen euch zeigen, was wir hier Tolles machen.« Aber es gibt eben noch sehr viele andere Videoarten. Zum Beispiel inspirierende Reden, so genannte *educationals*. Die millionenfach geklickten *TED-Talks*, bei denen Fachleute in maximal 17 Minuten von einer Entdeckung oder einer neuen Idee erzählen. Sie haben also Bildungs- oder Erfahrungswissen, das sie weitergeben möchten. Solche Videos eignen sich gut als Vorbilder, wenn man nur die Predigt online stellen will. Eine weitere sehr beliebte Kategorie sind die sogenannten *Tutorials*, also praktische Anleitungen, wie man ein bestimmtes Problem lösen oder eine Fähigkeit entwickeln kann. Das kann alles Mögliche sein, von *Wie du in zehn Minuten ein Schloss ohne Schlüssel öffnest* über *Kreuzstich – Schritt für Schritt erklärt* bis hin zu *Liegestütze richtig ausgeführt*. Auch das kann eine Inspiration für Verkündigung sein: Auf welche konkrete Lebensfrage antworten wir damit eigentlich? – Wenn Sie für eine bestimmte Zielgruppe ein Video erstellen möchten, dann fragen Sie Menschen aus dieser Zielgruppe, welche Videos sie sich am liebsten anschauen.

Damit zusammen hängt auch die Frage nach der Auffindbarkeit eines Videos. Wer gezielt danach sucht, wird auch mit einem Titel wie »GD v. 17. So. n. Tr., Gd.bez. Hoffnungskirche« etwas anfangen können. Andere fühlen sich schlimmstenfalls abgestoßen (Abkürzungen wirken – übrigens fast immer – unfreundlich) oder überlesen es einfach. Ein klar verständlicher, womöglich noch interessanter, weil relevanter Titel kann potenzielle Zuschauende neugierig machen. Das setzt freilich voraus, dass man dem Gottesdienst oder zumindest der Predigt ein klares Thema zuordnen kann. Dazu gehört auch ein aussagekräftiges Vorschaubild, das man bei Videoportalen wie youtube extra hochladen kann. Die Kombination aus ansprechendem Titel und Bild kann so wie eine Visitenkarte des Gottesdienstes sein.

Die liturgische Seite

Ein Gottesdienst am Bildschirm funktioniert nach anderen Regeln als einer, der live erlebt wird. Vor allem ist die Aufmerksamkeitsspanne begrenzter, weil ich an Stellen, die mich nicht ansprechen, schneller wegklicke als ich einen analogen Gottesdienst verlassen würde. Nach den Erfahrungen, die viele Gemeinden in den letzten zwei Jahren gemacht haben, bedeutet das vor allem: Kürzen. Welche üblichen Gottesdienstelemente beim Videogottesdienst wegfallen können, das hängt wiederum stark damit zusammen, welche Aspekte des Gottesdienstes man stark machen will – Näheres dazu im nächsten Kapitel, hier nur ein paar Anregungen, die bei der individuellen Entscheidung helfen sollen.

Vor- und Nachspiel – Die Erfahrungen zeigen, dass Menschen bei langen Musikstücken vorspulen oder abschalten. Reine Musikdarbietungen, wenn es sich nicht um sehr besondere Orgelwerke und/oder Chorstücke handelt, sollten daher möglichst kurz gehalten werden.

Eingangsteil – In vielen lutherischen und unierten Gemeinden ist der Eingangsteil des Gottesdienstes von Wechselgesängen geprägt. Diese ergeben nur Sinn, wenn bei der Aufnahme mehrere Akteure beteiligt sind, die die verschiedenen Rollen (Vorsänger/-in, Gemeinde) übernehmen können. Auch die vielen Begrüßungen im Gottesdienst (»Guten Morgen« am Anfang, »Im Namen Gottes …« und »Der

Herr sei mit euch« im weiteren Verlauf und der Kanzelgruß: »Gnade sei mit euch ...«) können reduziert werden.

Lesungen – Dort, wo drei oder mehrere Lesungen (Altes Testament, Neues Testament, Epistel und zusätzlicher Predigttext) in Gebrauch sind, empfiehlt es sich, über eine Reduktion nachzudenken: Welche Texte brauchen wir unbedingt, um das Kernthema des Gottesdienstes und/oder die Kernbotschaft der Predigt deutlich zu machen?

Predigt – Eine zwanzigminütige Predigt ist für einen Onlinegottesdienst in der Regel zu lang. Hilfreicher ist es, sich auf einen zentralen Gedanken zu beschränken – das erleichtert auch die Suche nach einem ansprechenden Titel für den Gottesdienst.

Abkündigungen – Ein Gottesdienst, der über ein Videoportal hochgeladen wird, sprengt die räumlichen und zeitlichen Grenzen der üblichen Sonntagsgemeinde: Er wird auch nach Wochen noch angeschaut, wenn Terminankündigungen schon längst nicht mehr aktuell sind. Und er wird von Menschen mitgefeiert, die nicht im unmittelbaren räumlichen Umfeld der Gemeinde wohnen. Veranstaltungen sind für diese Menschen irrelevant. Kasualmitteilungen, also Informationen über Beerdigungen, Taufen und Trauungen, sind aus datenschutzrechtlichen Gründen im Online-Gottesdienst ohnehin nicht erlaubt.

◆ Einzelne Momente des Online-Gottesdienstes

Vorspann

Es gibt unterschiedliche Ansichten, wann der Gottesdienst eigentlich wirklich beginnt. Für manche erst mit dem *Votum* (»Im Namen [Gottes,] des Vaters und des Sohnes und des Heiligen Geistes«). Für andere ist es das *Orgelvorspiel*, für wieder andere schon das *Glockengeläut*. Wie so oft gibt es hier keine absolut richtige Antwort, wann für einen persönlich der Gottesdienst beginnt, das hängt auch davon ab, was für ein Gottesdienstverständnis man hat (siehe unten). Beim digitalen Gottesdienst ist die Frage etwas einfacher zu beantworten: In dem Moment, in dem ich mich vor den Bildschirm setze und auf *Play* drücke, fängt es an. Ich brauche also weder zehnminütiges Glockengeläut oder eine Kamerafahrt von der Straße bis in die Kirche, noch ein fünfminütiges Orgelvorspiel – die Aufmerksamkeitsspanne am Bildschirm ist deutlich begrenzter als vor Ort. Wenn Sie bereits Erfahrungen mit Videogottesdiensten gesammelt haben, kann es hilfreich sein, sich mithilfe der Analysewerkzeuge der verschiedenen Videoplattformen über das Sehverhalten der Zuschauenden zu informieren: Wenn in den ersten 60 Sekunden ein Großteil der Zuschauenden abspringt, dann wäre das ein Anlass, die Anfangssequenz des Gottesdienstes zu überdenken.

> Der digitale Gottesdienst beginnt für mich, wenn ich auf »Play« drücke

Begrüßung

Eine Erfahrung aus den letzten Jahren zeigt, dass Menschen gerne Menschen sehen. Der Videogottesdienst kann daher ganz direkt mit einer Begrüßung beginnen. Dabei können Sie wählen, ob Sie die Teilnehmenden vor der Kirche oder direkt in der Kirche begrüßen wollen. Die optimale Kameraeinstellung hierfür ist die *Halbnahe* oder *Nahe*, der/die Begrüßende sollte also mindestens ab der Hüfte aufwärts zu sehen sein, um Kontakt herzustellen. Der Kontakt wird auch dadurch erleichtert, dass die Begrüßung freihändig erfolgt, damit sie direkt in die Kamera gesprochen werden kann – es gilt dasselbe wie bei der Begrüßung im analogen Gottesdienst (s.o.). Trotzdem ist es natürlich hilf-

> Wie möchten Sie selbst gerne begrüßt werden?

reich, sich vorher zu überlegen, was Sie sagen wollen. Überlegen Sie sich: Wie möchten Sie selber gern begrüßt werden? Und welche Informationen brauchen die Teilnehmenden zuhause? Sollen sie ein Gesangbuch bereithalten, oder werden die Liedtexte eingeblendet? Gibt es in der Videobeschreibung Möglichkeiten zur Online-Kollekte? Denken Sie dabei daran, dass der Gottesdienst vielleicht auch von Menschen digital mitgefeiert wird, die Ihre Gemeinde nicht kennen – was möchten Sie ihnen zur Begrüßung sagen?

Lesung

Vielleicht erinnern Sie sich, dass Augenkontakt mit der Gemeinde bei der Lesung selbst nicht das Wichtigste ist. Kontakt können Sie herstellen, indem Sie die Einleitung zur Lesung frei in die Kamera sprechen. Danach können Sie sich ganz dem Text widmen. Im Bild kann man während der Lesung zum Beispiel den Text zeigen – so können die, die es interessiert, die Lesung noch besser verfolgen. Ein Stillbild von der aufgeschlagenen Bibel tut es auch.

Gebete

Bei Gebeten sollten die Videosequenzen so gestaltet sein, dass die Teilnehmenden am Bildschirm mitbeten können. Das entlastet bei der Bildgestaltung: Der oder die Vorbetende braucht nur bei der Ankündigung zum Gebet zu sehen sein. Wenn er oder sie dann den Kopf senkt, ist das für die Gemeinde ein Signal, dass sie auch in sich gehen können. Während des Gebets kann man unaufgeregte Stillbilder aus der Kirche zeigen, zum Beispiel ein Kirchenfenster oder eine brennende Kerze – also Bilder, die der Gemeinde vor dem Bildschirm helfen, zur Ruhe, zu sich und ins Gespräch mit Gott zu kommen.

Die vierte Wand durchbrechen

Wenn ein Gottesdienst am Bildschirm mitgefeiert werden kann, egal ob als Aufzeichnung oder als Livestream, dann sollten die Ausführenden sich an die Mitfeiernden zuhause erinnern. Sie können eigens begrüßt werden, und dort, wo Blickkontakt angebracht ist, sollte er auch zumindest ab und zu in die Kamera erfolgen. Das ist anfangs gar nicht so leicht, man muss sich daran gewöhnen, mit der Kamera zu interagieren. Ein alter Fernsehtipp lautet: *Hinter der Kameralinse sitzt dein Lieblingsmensch*, also jemand, dem ich wohlgesonnen bin und über dessen Anwesenheit ich mich freue. Es hilft, sich dabei wirklich einen konkreten Menschen vorzustellen, mit dem ich durch das Auge der Kamera in Kontakt trete.

Bei der Begrüßung sollte die Bildschirmgemeinde nicht das Gefühl haben, Mitfeiernde zweiter Klasse zu sein. Das geschieht wahrscheinlich meist unbedacht, aber es ist trotzdem schade. Zum Beispiel dann, wenn in der Begrüßung betont wird, dass es ja viel schöner wäre, gemeinsam in der Kirche zu feiern. Oder wenn der digitale Gottesdienst von vorneherein zur ungeliebten Notlösung degradiert wird. Das kann auch passieren, wenn die Gemeinde am Bildschirm über gewisse Dinge im Ablauf im Unklaren gelassen wird – wissen Sie zum Beispiel, welches Lied als nächstes gesungen wird, auch, wenn Sie die Liedertafel nicht sehen? Und haben Sie die Möglichkeit, auch dann mitzusingen, wenn Sie kein Gesangbuch zur Hand haben? Ansonsten haben Untersuchungen gezeigt, dass die meisten Menschen keinen gesteigerten Wert auf besondere Interaktionsmöglichkeiten (wie zum Beispiel Fürbitten im Chat und Ähnliches) legen – das kann bei der Gestaltung von digitalen Gottesdiensten vielleicht auch ein bisschen entspannen.

Rechtliche Aspekte

Bei Online-Gottesdiensten gibt es eine Reihe von rechtlichen Fragen zu bedenken. Manche davon hängen eng mit dem Format zusammen, andere wiederum stellen sich bei jedem Gottesdienst, man denkt nur nicht so häufig darüber nach. Viele Landeskirchen haben hilfreiche Seiten hierzu ins Netz gestellt[38], von daher hier nur einige Hinweise.

Sie brauchen von allen Beteiligten eine Einverständniserklärung: Die Kirchenmusikerin und der Mann hinter der Kamera müssen der Gemeinde erlauben, ihr künstlerisches Produkt (die Orgelmusik bzw. das gefilmte Material) zu verwenden. Alle Beteiligten, die vor der Kamera agieren, müssen der Verbreitung ihres eigenen Bildes zustimmen. Wenn Namen oder andere personenbezogene Daten im Video gezeigt oder genannt werden, sollte dies auch gesondert abgefragt werden. Es gibt diverse Vorlagen dazu im Netz, und in vielen Fällen sichern sich Gemeinden mit Pauschalerklärungen ab. Diese sind im Einzelfall oft nicht vollends rechtssicher, aber es verhält sich dabei vielleicht ein bisschen wie mit Patientenverfügungen: Diese können auch nie alle Eventualitäten abdecken, aber sie sollten alle Beteiligten dazu animieren, offen über die eigenen Wünsche und Grenzen zu reden. Dort, wo Videos mit der versammelten Gemeinde aufgenommen werden, ist besondere Sorgfalt gefragt: Manchmal liest man bei Veranstaltungen den Hinweis: »Bei dieser Veranstaltung werden Foto- und Videoaufnahmen gemacht. Durch Ihre Teilnahme erklären Sie sich damit einverstanden.« Bei Gottesdiensten ist die Sache komplizierter, denn die Teilnahme an religiösen Veranstaltungen steht unter besonderem rechtlichen Schutz. Am besten gibt es klar markierte Bereiche, in denen Menschen Platz nehmen können, die garantiert nicht gefilmt werden möchten.

Im deutschen Urheberrecht gilt: Jedes Werk einer Urheberin ist gesetzlich geschützt (und zwar unabhängig davon, ob da irgendwo ein © steht), und zwar auf jeden Fall bis 70 Jahre nach deren Tod.

Das gilt sogar für ein Bild, das ein Kind aus der KiTa gemalt hat. Dass wir in unseren Gottesdiensten relativ unbekümmert jede Art von Musik spielen können, liegt an Rahmenverträgen, die die evangelische Kirche mit der GEMA (der größten Verwertungsgesellschaft für Musik) geschlossen hat. Diese besagen: Man darf GEMA-geschützte Musik in Gottesdiensten verwenden – in Konzerten dagegen nicht. Im Rahmen der Corona-Pandemie hat es Zusatzverträge gegeben, die die Nutzung auch für Online-Gottesdienste erlauben. Bislang sind diese Zusatzverträge immer wieder verlängert worden, nach aktuellem Stand gelten sie bis Ende 2023.

ÜBER DEN GOTTESDIENST REDEN

Bei Fortbildungen für Lektorinnen und Lektoren kommt das Gespräch sehr schnell auf grundsätzliche, den Gottesdienst betreffende Fragen. Das ist kein Wunder, denn: Unsere Gottesdienstordnungen sind nicht einfach vom Himmel gefallen, sondern das Ergebnis von Entscheidungen, die im Laufe der Jahre getroffen, revidiert und/oder verändert wurden. Mit den gemeindlichen Gottesdienstabläufen ist es ein bisschen wie mit manchen Gebäuden: Es gibt oft eine alte Substanz, ein ehrwürdiges Bauwerk, dessen einzelne Bestandteile auf die Notwendigkeiten seiner Zeit ausgerichtet und darüber hinaus häufig symbolisch stark aufgeladen sind. Mit der Zeit geraten manche solcher Symbole in Vergessenheit, einzelne Einrichtungselemente werden als unzeitgemäß und störend empfunden, und Veränderungen im Leben der Menschen, aber auch in der Lehre der Kirche führen zu Neuerungen im Raum. Manche Veränderungen sind sinnvoll und notwendig und etablieren sich, andere erweisen sich eine oder zwei Generationen später als unpassend oder übertrieben. So bietet so manche Kirche ein buntes Sammelsurium von dem, was unterschiedliche Menschen zu unterschiedlichen Zeiten für wichtig und richtig befunden haben – und mancher Gottesdienstablauf spiegelt diese Entwicklung wider.

Aber auch viele kleine Entscheidungen in der Gottesdienstgestaltung, die wir, manchmal unbewusst, treffen, sind von einem Vorverständnis beeinflusst, wie ein »richtiger« Gottesdienst zu sein hat. Dieses Vorverständnis speist sich vor allem aus Lebens- und Glaubenserfahrungen. Wenn ich meine gottesdienstliche Heimat in Taizé-Andachten gefunden habe, werde ich eine andere Musik mögen als jemand, der aus einer popkulturell geprägten Freikirche kommt. Wer sich in einer hochkirchlichen Messe zuhause fühlt, wird sich im Gottesdienstraum anders bewegen als jemand, der gerne wuselige Familiengottesdienste feiert, und womöglich auch eine andere Bibelübersetzung bevorzugen. Kurz gesagt: Es gibt einfach verschiedene Arten, einen Gottesdienst zu feiern, aber keine davon ist per se besser oder biblischer oder echter als andere. Für das gemeinsame Gespräch über den Gottesdienst, ob im Lektor*innenkreis oder im Gottesdienstausschuss, ist es hilfreich, wenn die Teilnehmenden ihre persönlichen Erfahrungen und Vorlieben kennen und ausdrücken können. Im Folgenden lernen Sie ein Modell kennen, das sich für solche Gespräche etabliert hat und trotz des Namens nichts mit Impfungen und Corona-Tests zu tun hat: Das *3G-Modell*.

Das 3G-Modell

Das 3G-Modell wurde vor einigen Jahren am damaligen EKD-Zentrum für Gottesdienstkultur in Hildesheim von Folkert Fendler und Christian Binder entwickelt. Im Hintergrund standen Erkenntnisse darüber, was Menschen von Gottesdiensten erwarten und was sie dort erleben wollen. Obwohl diese Erwartungen natürlich sehr verschieden sind, lassen sie sich in drei Hauptdimensionen zusammenfassen:

Gewissheit der Liebe Gottes erleben – Hier steht die persönliche Ansprache im Vordergrund: »Menschen haben – in der Vieldeutigkeit des Lebens – Sehnsucht nach Gewissheit. Der christliche Gottesdienst bietet darauf eine Antwort. Denn er ist getragen vom Wort Gottes, mit dem er seine unbedingte Liebe zusagt. Menschen erleben in der Begegnung mit dem liebenden Gott, dass sie berührt und verändert werden.«[39] Diese Erlebnisdimension spiegelt sich in vielen Kirchenliedern wider, von *Ist Gott für mich, so trete* über *So nimm denn meine Hände* bis hin zu *Vergiss es nie*. Wem diese Dimension wichtig ist, der legt vielleicht besonderen Wert auf eine tröstende, vergewissernde Predigt, einen eindrücklichen Gnadenspruch, auf den Segen am Ende des Gottesdienstes oder auf den individuellen Zuspruch beim Abendmahl (»... für dich gegeben.«).

Gemeinschaft der Hoffnung gestalten – Auch die im Gottesdienst erlebte und zelebrierte Gemeinschaft mit anderen kann im Vordergrund stehen, eine »Gemeinschaft, die im Vertrauen auf Gottes Zusage eine Zukunft voller Hoffnung gestaltet. Der Gottesdienst am Sonntag und der Gottesdienst im Alltag sind so untrennbar miteinander verbunden.«[40] Wer darauf großen Wert legt, der singt vielleicht gern *Brich mit den Hungrigen dein Brot*, vielleicht aber auch *Herr, mach uns stark im Mut, der dich bekennt*. Auch das aus vielen Kehlen geschmetterte *Ein feste Burg* am Reformationstag kann ein starker Gemeinschaftsmoment sein. Im Gottesdienst wird das besonders beim Friedensgruß vor oder nach dem Abendmahl deutlich, aber auch, wer den Segen vor allem als Sendung versteht, hat eine Gemeinschaft vor Augen, die auch nach dem Gottesdienst noch fortbesteht.

Geheimnis des Glaubens feiern – Manche Lieder wie etwa *Gott ist gegenwärtig* oder *Wie schön leuchtet der Morgenstern*, manche alten liturgischen Gesänge, auch manche Bibeltexte wie die Verklärung Jesu oder Mose am Dornbusch sind von einer Ahnung getragen: »Gottesdienst ist einzigartig und enthält deshalb immer auch etwas Fremdes, etwas, das nicht von dieser Welt ist. Manches in ihm bleibt Geheimnis, in dem das Göttliche dem Glauben unverfügbar, ja manchmal sogar verborgen bleibt. Und doch tut sich hier ein Weg auf, der andere Sichtweisen und Erfahrungen ermöglicht, als die aus dem Alltag bekannten.«[41] Wessen gottesdienstliches Herz hier schlägt, die wird keine langen Erklärungen und Moderationen brauchen, die wird gut damit leben können, dass manche Formulierungen nicht beim ersten Hören verständlich sind.

MACHEN SIE DEN TEST
Im Download-Bereich auf der Website des Luther-Verlags finden Sie einen Fragebogen, den Sie zur Selbsteinschätzung

benutzen können. Er funktioniert am besten, wenn Sie nicht zu lange überlegen und vor allem nicht zu theologisch argumentieren, dass ja alles wichtig ist. Riskieren Sie Parteilichkeit und kreuzen Sie das an, was Ihnen spontan jeweils am besten gefällt – das Ergebnis ist nur eine Momentaufnahme. Der Fragebogen kann Ihnen dabei helfen, Ihren eigenen gottesdienstlichen Vorlieben auf die Spur zu kommen und sie ins Gespräch mit anderen zu bringen.

In bestimmten Gottesdienstformen steht eine Dimension klar im Vordergrund: Eine hochliturgische Messe zum Beispiel zieht einen Großteil ihrer Energie aus dem Geheimniselement. Viele Kinder- und Familiengottesdienste stellen mit interaktiven Elementen den Gemeinschaftsaspekt ins Zentrum. Und ein Salbungsgottesdienst macht mit der individuellen Zuwendung die Gewissheit besonders erfahrbar. Auch, wenn solche Gottesdienste durchaus verschieden sind, schließen die drei Erlebnisdimensionen einander keinesfalls aus. Ein Gottesdienst kann (und sollte) Elemente der Gemeinschaft, der Gewissheit und des Geheimnisses enthalten, um verschiedenen Bedürfnissen und Erwartungen gerecht zu werden.

▪◆ Mit dem 3G-Modell arbeiten

Wie bereits angeklungen, ist das 3G-Modell zunächst einmal hilfreich, um die eigenen Erwartungen an einen Gottesdienst überhaupt erst einmal in Worte zu fassen – und sich klarzumachen: Das ist nicht die einzige (und vor allem nicht die einzig wahre) Möglichkeit, einen Gottesdienst zu feiern. Wenn man sagen kann, wo das eigene gottesdienstliche Herz schlägt, dann wird man oft auch sagen können, welche eindrücklichen und bewegenden Erfahrungen in der Vergangenheit dazu geführt haben. In einem Gottesdienstausschuss, der eine neue Liturgie entwickeln soll, aber auch bei der Sitzung zweier Presbyterien, die einander im Rahmen eines

Kooperations- oder Fusionsprozesses kennenlernen wollen, kann das Erzählen über prägende Gottesdiensterlebnisse ein guter Start sein.

Auch für die Arbeit am konkreten Gottesdienst ist das 3G-Modell hilfreich: Im komplexen Wechselspiel zwischen Pfarrpersonen und anderen Verantwortlichen, Orten, Gemeindemitgliedern und Traditionen vor Ort entwickelt sich in Gemeinden, teilweise auch in Gemeindebezirken, oft eine gottesdienstliche Kultur, bei der eine Erlebnisdimension im Vordergrund steht. Kann man diese benennen, dann fallen Veränderungen im Gottesdienst meist leichter, weil klarer wird, welche Elemente unbedingt dazugehören. Zugleich ist es sinnvoll, die anderen G's im Blick zu behalten: Wenn in der Gottesdienstkultur die Gemeinschaft besonders im Vordergrund steht, dann kann es sehr wohltuend sein, dem Geheimnis des Glaubens ein wenig Raum zu geben, etwa durch wohldosierte Stillephasen, die ausgehalten und nicht gleich zerredet werden. Und dort, wo das politische und soziale Engagement besonders hervorgehoben wird, ist vielleicht die Erinnerung notwendig: Nach christlicher Überzeugung kommen gute Taten nicht aus reinem Pflichtgefühl, sondern aus der Gewissheit der Liebe Gottes mir selber und allen anderen Menschen gegenüber. Und andersherum: Der Gemeinde, die in ihren Gottesdiensten der Gewissheit viel Raum gibt, tut es womöglich gut, sich daran zu erinnern, dass der christliche Glaube eine Teamsportart ist und der Mensch keine Insel.

Auch ein bereits gefeierter Gottesdienst kann mithilfe des 3G-Modells analysiert werden: Wenn alle Beteiligten ihn als besonders gelungen empfunden haben, kann das daran liegen, dass die drei Dimensionen in einer guten Balance waren. Dann kann es mit Blick auf zukünftige Gottesdienste hilfreich sein, dem noch einmal nachzugehen und für weitere Planungen festzuhalten. Und dort, wo es Störmomente gegeben hat, kann es an einem Ungleichgewicht gelegen haben. Oder daran, dass das dominierende »G« eines bestimmten Teiles des Gottesdienstes quer zu den Erwartungen der Gottesdienstteilnehmenden stand. Manchmal gelingt ein schneller

Wechsel nicht: Nach einem beschwingten Lied, bei dem sich alle als Teil einer lauten und fröhlichen Gemeinschaft erlebt haben, kann es äußerst schwerfallen, in einer nun folgenden Meditationsphase in den »Geheimnis«-Modus zu wechseln.

Auf jeden Fall hat sich das 3G-Modell als sehr hilfreich dafür erwiesen, in Gemeinden, in Gottesdienst-Teams und in Lektor*innenkreisen über den Gottesdienst ins Gespräch zu kommen.

Kleines Lexikon gottesdienstlicher Fachbegriffe

Agende, die: Ein kirchenamtlich herausgegebenes Buch, das den Ablauf der Gottesdienste regelt und u.a. die biblischen Texte für die einzelnen Sonn- und Feiertage enthält. Maßgeblich für lutherische und unierte Gemeinden in Deutschland ist das *Evangelische Gottesdienstbuch*, für reformierte Gemeinden die *Reformierte Liturgie*. Für → Kasualien gibt es zahlreiche eigene Agenden.

Kasualie, die: Kirchliche Amts- oder Gottesdiensthandlung anlässlich eines lebensgeschichtlich oder gesellschaftlich bedeutsamen Ereignisses, zum Beispiel Taufe, Konfirmation, Trauung oder Bestattung.

Lektionar, das: Buch, in dem die gottesdienstlichen Lesungen im Volltext für das Vorlesen abgedruckt sind, manchmal mit Vorlesehinweisen versehen.

Lektor*in: Person, die im Gottesdienst liest. Im vorliegenden Buch ist die Lesung biblischer Texte gemeint, in manchen Landeskirchen lesen Lektor*innen auch Lesepredigten vor.

Liturg*in: Die Person, die den Gottesdienst leitet.

Liturgie, die: Ablauf des Gottesdienstes.

liturgisch: Die praktische Gestaltung des Gottesdienstes betreffend.

Perikope, die: Bibelabschnitt, der einem bestimmten Sonn- oder Feiertag zugeordnet ist.

Perikopenbuch: Quasi die kleine, handliche Version des Lektionars, die der Vorbereitung zuhause dient.

Perikopenordnung: Die Gesamtheit der den Sonn- und Feiertagen im Kirchenjahr zugeordneten Bibeltexte. In Deutschland besteht die Perikopenordnung aus sechs Reihen, die nacheinander Geltung haben. Die Perikopenordnung wurde 2018 ausführlich revidiert, wobei besonders alttestamentliche Texte mehr Raum bekommen haben.

Anmerkungen

1 Lesungen im Gottesdienst. Theologie und Praxis der liturgischen Schrift-Lesungen. Eine Orientierungs- und Gestaltungshilfe der AG „Lesungen im Gottesdienst" der Liturgischen Konferenz, hg. v. Alexander Deeg und Helmut Schwier, Gütersloh 2020.

2 Einen großartigen Überblick über den komplizierten Prozess, an dessen Ende unsere heutige Bibel steht, bieten Konrad Schmid und Jens Schröter, Die Entstehung der Bibel. Von den ersten Texten zu den Heiligen Schriften, München ³2020.

3 Siegfried Zimmer, Schadet die Bibelwissenschaft dem Glauben? Klärung eines Konflikts, Göttingen ⁴2012, S. 222.

4 Okko Herlyn, Theologie der Gottesdienstgestaltung, Neukirchen-Vluyn 1988, S. 58.

5 Ökumenisches Verzeichnis der biblischen Bücher nach den Loccumer Richtlinien, hg. v. den Deutschen Bischöfen, dem Rat der Evangelischen Kirche in Deutschland und dem Evangelischen Bibelwerk, Stuttgart 1971.

6 Vgl. Horst Coblenzer/Franz Muhar, Atem und Stimme. Anleitung zum guten Sprechen, Wien 1999, S. 42.

7 Vgl. Hans-Walter Wolff, Anthropologie des Alten Testaments. Mit zwei Anhängen neu herausgegeben von Bernd Janowski, Gütersloh 2010, S. 33–55.

8 Wer sich für technische Feinheiten, Fachausdrücke und weiterführende Tipps interessiert, findet eine erste Orientierung in Thomas Klie/Markus Johannes Langer, Evangelische Liturgie. Ein Leitfaden für Singen und Sprechen im Gottesdienst, Leipzig 2015, S. 97–108.

9 Einige der nächsten Übungen sind, in leicht veränderter Form, ausgeliehen bei Barbara Maria Bernhard, Sprechtraining für Schauspieler. Ein Übungsprogramm für Körper, Stimme und Gehör, Leipzig 2014, S. 55 ff.

10 Dietrich Sagert, Vom Hörensagen. Eine kleine Rhetorik, Leipzig 2014 (Kirche im Aufbruch 14), S. 137.

11 Thomas Kabel, Übungsbuch Liturgische Präsenz, Gütersloh 2011, S. 58.

12 Hans Eckardt, Die Kunst des Hörbuchsprechens (Audio-CD), Hörbuchproduktionen 2009.

13 Ökumenisches Verzeichnis der biblischen Eigennamen nach den Loccumer Richtlinien. Hrsg. von den katholischen Bischöfen Deutschlands, dem Rat der Evangelischen Kirche in Deutschland und der Deutschen Bibelgesellschaft – Evangelisches Bibelwerk. Im Auftrag der Ökumenischen Revisionskommission neu bearbeitet von Joachim Lange, Stuttgart ²1981.

14 Vgl. Uwe Schürmann, Vorlesen und Vortragen leicht gemacht, München/Basel 2010, S. 18 ff.

15 Eckhardt (wie Anm. 12).

16 http://www.hoerbuchtipps.de/hb-mord.shtml.

17 Vgl. Uta Pohl-Patalong, Bibliolog. Impulse für Gottesdienst, Gemeinde und Schule. Band 1: Grundformen, Stuttgart 2013.

18 Wer sich hierfür interessiert, ist mit Erzähllehrbüchern, zum Beispiel von Jochem Westhoff, gut beraten.

19 Michael Roissié, Sprechertraining. Texte präsentieren in Radio, Fernsehen und vor Publikum, Wiesbaden ⁷2013, S. 119.

20 Roissié (wie Anm. 19), S. 127 f.

21 Vgl. Klaus Pawlowski, Grundlagen der Hörfunkmoderation, Münster 2005 (Journalismus: Theorie und Praxis 5), S. 11 ff.; Stefan Wachtel, Schreiben fürs Hören. Trainingstexte, Regeln und Methoden, München ⁵2013, S. 15.

22 Kabel (wie Anm. 11), S. 53.

23 Hans-Hermann Pompe, Gerne geben. Mit Humor zu Kollekten und Spenden motivieren, Neukirchen-Vluyn ²2011, S. 7.

24 Jürgen Ebach, Das Alte Testament als Klangraum des evangelischen Gottesdienstes, Gütersloh 2016, S. 300.

25 Das »Sumpfpumpenprojekt in Eritrea« ist geklaut von der großartigen NDR-Hörspielreihe »Stenkelfeld«: www.stenkelfeld.com/gewerbe/jo hannis_kathedrale/johannis_kathedrale.html.

26 Wachtel (wie Anm. 21).

27 So lautet eins der sieben Kriterien, die das Evangelische Gottesdienstbuch vorlegt.

28 Thomas Hirsch-Hüffell, Gottesdienst verstehen und selbst gestalten, Göttingen 2002, S. 87.

29 Vgl. Ebach (wie Anm. 24), S. 299.

30 So die Arbeitshilfe des Gottesdienstinstituts der Nordkirche: Abkündigung und Kollektensammlung. Hinweise für die Gestaltung im Gottesdienst, online unter www.gottesdienstinstitut-nordkirche.de/abkuendigung-und-kollekte-empfehlungen-fuer-den-gottesdienst-sinnvoller-ort-und-vollzug-im-gottesdienst.

31 Eine klarsichtige Analyse kirchlicher Binnensprache hat unlängst der katholische Kommunikationsberater Erik Flügge vorgelegt (Der Jargon der Betroffenheit. Warum die Kirche an ihrer Sprache verreckt, München 2016).

32 www.ekd.de/glauben/grundlagen/augsburger_bekenntnis.html.

33 Martin Nicol, Weg im Geheimnis. Plädoyer für den Evangelischen Gottesdienst, Göttingen ³2011.

34 Am Hildesheimer Zentrum für Qualitätsentwicklung im Gottesdienst spricht man deswegen vom »Gottesdienst in 3G«, also drei Erlebnisdimensionen; vgl. Folkert Fendler und Christian Binder (Hg.), Gewissheit, Gemeinschaft, Geheimnis. Qualitäten des Gottesdienstes, im Auftrag des Zentrums für Qualitätsentwicklung im Gottesdienst, Leipzig 2016 (Kirche im Aufbruch 15), bes. S. 40–48.

35 Roissié (wie Anm. 19), S. 214 f.

36 Zu diesem Thema gibt es zwei hervorragende Bücher von Christian Link und Walter Dietrich: Die dunklen Seiten Gottes. Band 1: Willkür und Gewalt, Band 2: Allmacht und Ohnmacht (beide letztmalig 2009 im Neukirchener Verlag erschienen).

37 https://medienpool.ekir.de/A/Medienpool/92419?encoding=UTF-8.

38 Zum Beispiel https://www.ekiba.de/infothek/arbeitsfelder-von-a-z/it-digitalisierung/online-verkuendigung/.

39 www.michaeliskloster.de/agk/service/qualitaetsentwicklung-fuer-den-Gottesdienst/qualitaetsmodelle/.

40 Ebenda.

41 Ebenda.

Dank des Autors

Dieses Buch ist unter den klugen Augen zahlreicher Menschen entstanden.

Steffanie Patzke (Wuppertal) hat die stimmtechnischen Abschnitte begutachtet, Andrea Merca (Köln) hat ihre Erfahrungen als Workshopteilnehmerin und Lektorin mit mir geteilt. Pfarrerin Friederike Lambrich, Daniel Krätz (Meerbusch) und Pfarrerin Birgit Mattausch (Nürtingen-Rossdorf, bald Hildesheim) haben das gesamte Manuskript auf seine Lesbarkeit und die praktische Umsetzbarkeit seiner Übungen hin überprüft. Dr. Peter Bukowski hat mich nicht nur beim Schreiben ermutigt, sondern mir im Predigerseminar einen Großteil von dem, was ich über Gottesdienst, Predigt und Seelsorge weiß, beigebracht. Mindestens genauso viel gelernt habe ich von und mit Prof. Dr. Andrea Bieler (Wuppertal) und Pfr. Dr. Rainer Stuhlmann (Nes Ammim, Israel).

Den größten Anteil haben jedoch all die Lektorinnen und Lektoren, die auf Fortbildungen und Workshops die die hier vorgeschlagenen Methoden ausprobiert, die gedanklichen Ausflüge mitgemacht und viele eigene Beobachtungen mitgeteilt haben. Ihnen ist dieses Buch gewidmet.

Holger Pyka

Geboren 1982 und aufgewachsen in Köln. Theologiestudium in Wupperatal, Lund, Heidelberg und Bochum, klassische Gesangsausbildung und Schauspieltraining in Malmö, Mannheim und Wuppertal.

Nach beruflichen Stationen in Düsseldorf und Köln Pfarrer in Wuppertal und Dozent am dortigen Predigerseminar mit den Schwerpunkten Homiletik/Liturgik, Kasualien, Gemeindepädagogik. Zahlreiche Veröffentlichungen zu praktisch-theologischen Themen.

Holger Pyka

PAPPE ZU PAPPE, GLAS ZU GLAS

Neue Kirchen-Cartoons

92 farbige Cartoons
120 Seiten I gebunden
Format 22 x 15 cm
ISBN 978-3-7858-0769-9
EUR 15,00

Hinterlässt Kirche Spuren im Alltag der Menschen? Aber sicher doch, meint Holger Pyka, Gelegenheits-Poetry-Slammer, Urban Sketcher und Pfarrer, der mit seinen stilsicheren Cartoons das kirchliche Innenleben aufs Korn nimmt. Da bleibt kein Auge trocken, wenn der Amtsträger zur Mülltrennung das Alte Testament bemüht, die Sternsinger als Jedi-Ritter umhergehen und beim Erntedankfest Pommes vor dem Altar landen.

Luther-Verlag

Cansteinstr. 1
33647 Bielefeld

Telefon: (05 21) 94 40 1 37
Fax: (05 21) 94 40 1 36
E-Mail: vertrieb@luther-verlag.de
Internet: www.luther-verlag.de

Liturgia
Ihr digitaler Arbeitsplatz für die Gottesdienstvorbereitung
www.liturgia.de

Nutzen Sie die neue liturgische Plattform »Liturgia«, um Ihren Gottesdienst zeitsparend und digital vorzubereiten.

Wie das funktioniert?
- Einloggen und Sonntag wählen
- Gottesdienst gestalten
    > *alle Texte aus Gottesdienst- und Perikopenbuch verfügbar*
- Liturgie zusammenstellen
    > *Tagesgebet wählen, Predigt eintragen, Fürbitten werden vorgeschlagen uvm.*
- Ablauf als Vorlage abspeichern und immer wieder nutzen
    > *Aufbau Ihres eigenen Archivs*
- Gottesdienst ausdrucken
    > *verschiedene Formate und Schriftgrößen verfügbar*

Doch Liturgia kann mehr:
> stetige Erweiterung von liturgischen Inhalten und zeitgemäßen Texten
> Einbindung der Agenden von UEK und VELKD
> Verknüpfungen mit verschiedenen Bibelübertragungen und Liederbüchern bis hin zum EG (in Vorbereitung)
> Liturgia wurde in Zusammenarbeit mit der Zielgruppe praxisnah entwickelt. Für Ihre Arbeit erhalten Sie Support und können Feedback für eine noch bessere Praktikabilität geben.

Was Sie dafür tun müssen?
Registrieren Sie sich unter **www.liturgia.de** und nutzen Sie das Jahres-Abo. Natürlich sind auch Mehrplatz-Lizenzen möglich. Liturgia startet am 1. Advent 2022.

Luther-Verlag

Cansteinstr. 1
33647 Bielefeld

Telefon: (05 21) 94 40 1 37
Fax: (05 21) 94 40 1 36
E-Mail: vertrieb@luther-verlag.de
Internet: www.luther-verlag.de

in Kooperation mit der Evangelischen Verlagsanstalt, der UEK und der VELKD